DSGVO und ePrivacy-VO
auf Websites umsetzen

250 praktische Antworten plus kompakte Checklisten von Datenschutzexperten

Benedikt Buckel Mammen

1. Auflage Oktober 2018

Impressum

Herausgeber:
Kristin Benedikt, Alexander Buckel, Jan-Hendrik Mammen
c/o AutorenServices.de
Birkenallee 24
36037 Fulda

Umschlagsfoto: Jakub Godja
Bildnachweis 123rf.com Nr. 44069563
Verlag: Independently published (Selbstverlag)
ISBN-10: 1720199477
ISBN-13: 978-1720199472

Der Inhalt

Die Autoren 2

Der Leser 4

Das Buch 6

0. Grundlagen 12

1. Datenschutzerklärung 60

2. Kontaktformular 76

3. Analytics vs. Tracking 98

4. Sicherheit 126

5. Newsletter 172

6. Social Media 190

7. Drittinhalte 204

8. Online-Shop 212

9. Content Management System 234

10. Web-App und Mobile Response 260

Ausblick zum Umfeld 272

Muster 280

Stichwörter 293

Die Autoren

Kristin Benedikt, Alexander Buckel und Jan-Hendrik Mammen sind bei einer europäischen Datenschutzaufsichtsbehörde beschäftigt. Die Autoren prüfen und beraten Unternehmen, Vereine, Verbände sowie Selbstständige und kennen die wichtigsten Fragestellungen zum Datenschutz im Web. Hinzu kommt, dass die Autoren selbst über Berufserfahrung in der freien Wirtschaft verfügen und wissen, dass klare Antworten und praktikable Lösungen das A und O hierbei sind.

Kristin Benedikt ist Juristin und seit 2016 Leiterin des Referats „Internet und Telemedien" im Bayerischen Landesamt für Datenschutzaufsicht (BayLDA). Sie beschäftigt sich mit den rechtlichen Fragestellungen der Datenschutz-Grundverordnung (DSGVO) und der ePrivacy-Verordnung (ePrivacy-VO). Der Fokus ihres Tätigkeitsgebiets liegt dabei eindeutig auf Websites: Von alltäglichen Routineanfragen zu Datenschutzhinweisen und modernsten Tracking-Verfahren bis hin zu vielschichtigen Verarbeitungen von internationalen Social Media-Konzernen begutachtet und prüft sie alles, was bei Websites unter das Datenschutzrecht fällt.

Alexander Buckel ist Wirtschaftsinformatiker und stellvertretender Leiter des Referats für „Cybersicherheit und technischen Datenschutz" im BayLDA. Bereits seit 2011 ist er Teil der bayerischen Aufsichtsbehörde und führt in seinem Aufgabenbereich technische Analysen im Prüflabor zum Thema „Sicherheit von Webdiensten" aus. Kernstücke seiner Arbeit sind gezielte Präventionsmaßnahmen für Website-Betreiber gegen Angriffe über das Internet sowie Incident Response-Pläne bei Datenschutzverletzungen.

Jan-Hendrik Mammen ist Wirtschaftsinformatiker und seit 2017 Teil des Teams im Referat „Cybersicherheit und technischen Datenschutz" im BayLDA. Auf Grund seiner beruflichen Laufbahn im IT-Umfeld verfügt er über ein umfassendes Wissen zur Gestaltung, Programmierung und Absicherung von Websites auf verschiedenen Plattformen. Der Umgang mit Cyberattacken und anderen Problemfällen im Web prägt dabei seinen Alltag.

Der Leser

Mit diesem Buch verfolgen die Autoren das Ziel, dem Leser in präziser und verständlicher Form die wesentlichen Anforderungen des neuen Datenschutzrechts rund um Websites darzustellen, ohne dabei auf notwendige rechtliche und technische Details verzichten zu müssen.

Der Leser lernt in einem kurzen Einführungsteil die Datenschutz-Grundlagen für Websites kennen, auf die dann in den nachfolgenden Kapiteln aufgebaut wird.

Zielgruppe

Auf Grund der unausweichlichen gesetzlichen Verpflichtung, die Vorgaben der DSGVO und der ePrivacy-VO bei Websites einzuhalten, richtet sich das Buch an eine sehr große Zielgruppe von Lesern: Vor allem an Webmaster, Developer und Designer, Marketing- und IT-Mitarbeiter, Blogger sowie alle Personen, die im Alltag unmittelbar mit Websites zu tun haben.

Darüber hinaus zielt das Buch aber auch gerade auf die ab, die für die Einhaltung des Datenschutzrechts im Unternehmen oder Verein entweder selbst verantwortlich und haftbar sind, wie z. B. Geschäftsführer und Vorstände, oder die Personengruppen, die beratend und unterstützend tätig sind. Somit können insbesondere Datenschutzbeauftragte und Unternehmensberater von den Lösungen der Autoren profitieren, da diese auf Grund ihrer beruflichen Tätigkeit über interessante, exklusive Einblicke verfügen.

Letztendlich kann dieses Best Practice-Buch auch Studenten und Schülern sowie weiteren Gruppen des Lehrbereichs den Einstieg in die oft undurchsichtige Materie des Datenschutzes bei Websites erleichtern. Datenschutz ist mittlerweile eine wesentliche (Aus-)Bildungskomponente.

Das Buch

Um einen Bezug zu realen Fallkonstellationen herzustellen, begleitet das Expertenteam im Buch den fiktiven Charakter „Mike“ durch seinen Alltag als Webmaster. Mike möchte als neuer Mitarbeiter im Unternehmen alles richtig machen, stößt aber auf viele ungeklärte Fragen beim Thema „Datenschutz für Websites“ sowie den angrenzenden Unternehmensbereichen. Die Autoren helfen Mike mit fundierten Antworten und Praxistipps zur richtigen Umsetzung.

Gemeinsam mit dem Leser entwickelt sich Mike von Kapitel zu Kapitel weiter und lernt in leicht verständlichen Schritten die DSGVO auf der eigenen Website umzusetzen. Zusätzlich erhält Mike an den entscheidenden Stellen schon heute Informationen zur anstehenden ePrivacy-VO. Am Ende jedes Themenblocks (Kapitel) werden die wichtigsten Anforderungen kompakt als Checkliste zusammengefasst, die alle wesentlichen Elemente der genannten Lösungen für den Leser beinhaltet.

Unabhängig von der Geschichte rund um Mike können Leser natürlich jederzeit direkt in die einzelnen Kapitel einsteigen und konkrete Antworten zu spezifischen Fragestellungen finden.

Sprache

Im Buch wird bei einigen Sachverhalten der jeweils englische Fachbegriff bevorzugt verwendet. Dies liegt daran, dass im Webumfeld die führende Sprache – mit Abstand – Englisch ist und für mache Themen zudem keine griffigen Übersetzungen vorhanden sind (z. B. Newsletter, Content Management System, Incident Response). Im Fragen- und Antwortenteil haben sich die Autoren dennoch besonders bemüht, die Fallkonstellationen möglichst auf Deutsch zu behandeln.

Hauptelemente zum Datenschutz bei Websites

Die in diesem Buch vorgetragenen Lösungen können grob in vier Kategorien unterteilt werden, die man bei der Behandlung von Datenschutz auf Websites stets beleuchten muss. Der Leser lernt diese vier Elemente im Grundlagenteil kennen und findet die damit verbundene Aufteilung am Ende jedes Kapitels in der Checkliste wieder. Des Weiteren wird nach jeder Antwort angegeben, welcher Kategorie das jeweilige Thema schwerpunktmäßig zugeteilt werden kann:

- **Recht**
  Rechtliche Grundlagen und Zulässigkeit der Datenverarbeitung auf der Website
- **Information**
  Umsetzung der Informations- und Transparenzpflichten für den Website-Betreiber
- **Nutzer**
  Berücksichtigung der Betroffenenrechte der Website-Nutzer
- **Sicherheit**
  Technische und organisatorische Maßnahmen zum Schutz der Daten rund um die Website

Orientierung

Damit die einzelnen Kapitel trotz der zahlreichen Fragen und Antworten für den Leser übersichtlich bleiben, führen einheitliche Symbole durch das Buch:

Story
Kapiteleinführung mit Mike, dem fiktiven Webmaster, den der Leser auf seiner Reise durch die Welt des Datenschutzes für Websites begleitet

Frage
Spezifische Frage von Mike zu einem bestimmten Datenschutz-Thema mit anschließender Antwort der Buchautoren

Muster
Verweis auf eine Vorlage am Ende des Buches zur konkreten Umsetzung von Datenschutz-bestimmungen

Tipp
Praxishinweis der Experten, wie mit einzelnen Anforderungen des Datenschutzrechts im Alltag einfach umzugehen ist

Fundort

Im einführenden Grundlagenteil des Buches sowie bei ausgewählte Themen, bei denen wir es für erforderlich halten, werden die Belegstellen im Gesetz genannt, damit der Leser bei Bedarf jederzeit die Quelle zum Nachlesen kennt.

Rechtlicher Rahmen

Bei diesem Buch handelt es sich um eine private Veröffentlichung der Autoren und nicht um eine offizielle Publikation der Datenschutzaufsichtsbehörden. Der Inhalt gibt ausschließlich die persönlichen Auffassungen der Autoren wieder. Sie haben zum Zeitpunkt des Schreibens jedoch besonders darauf geachtet, dass sowohl die rechtlichen als auch die technischen Details weitestgehend dem Meinungsbild der Aufsichtsbehörden entsprachen. Die Autoren weisen darauf hin, dass die ePrivacy-VO dabei nicht in der finalen Fassung, sondern lediglich als Entwurf vorlag.

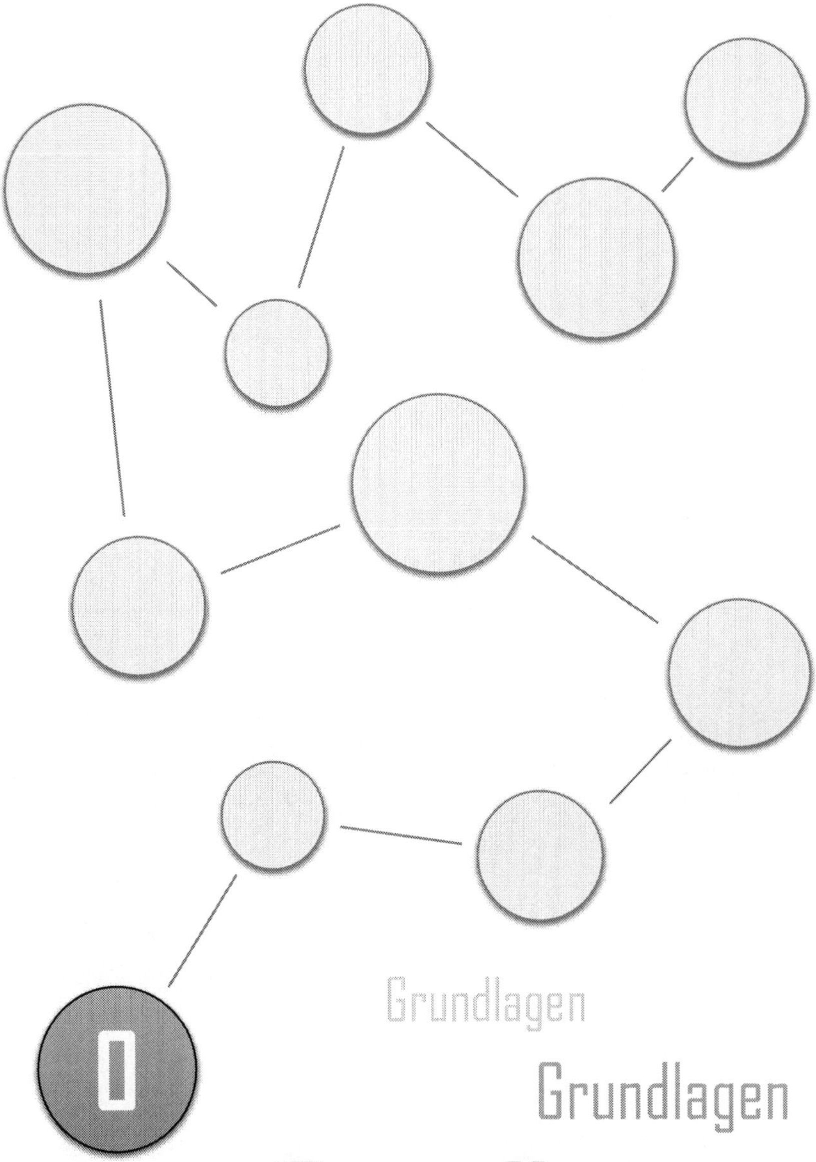

Grundlagen

Grundlagen

Grundlagen

0. Grundlagen

Mikes Story

Heute ist es endlich soweit: Mike hat seinen allerersten Arbeitstag im Unternehmen. Erst vor Kurzem hat er sein Informatikstudium abgeschlossen und tritt nun seine neue Stelle an. Mike ist voller Vorfreude, denn immerhin hat er trotz vieler anderer Mitbewerber den begehrten Job als Webmaster beim Unternehmen „biosphere4yourLIFE GmbH“ bekommen.

Das trendige Startup plant, Kunden über die eigene Website verschiedene Produkte anzubieten, die durch die Kombination von nachwachsenden Bio-Rohstoffen und Plastikmüll gefertigt werden. Als Renner erweist es sich für Kunden derzeit, die eigenen gebrauchten pfandfreien Plastikfaschen einzusenden und diese dann in etwas Verwertbares „umwandeln“ zu lassen – so dass aus dem eigenen Müll wieder etwas Brauchbares wird, also ganz im Sinne der Wiederverwertung. Ein besonderes Highlight dabei ist, dass der Kunde beliebige Farben zusammenstellen kann, mit denen das gewünschte Produkt durch eine Farbkanone maschinell beschossen wird und somit ein einmaliges Aussehen erhält. Das Produktportfolio reicht dabei von den personalisierten Taschen und Shopping-Accessoires, individuellen Aufbewahrungsboxen und Haushaltsutensilien bis hin zu hochwertigen Schmuck-Unikaten aus bunten „biospherePLASTIK“. Der Vertrieb der innovativen Produkte soll künftig ausschließlich über die Firmen-Website des kleinen Betriebs erfolgen.

Mike muss ab jetzt beweisen, dass er seiner neuen Aufgabe gewachsen ist. „Webmaster" – was für eine altmodische Berufsbezeichnung, dachte er anfangs, bevor er sich beworben hatte. Spätestens seit dem Bewerbungsgespräch ist ihm aber klar, dass sich das Unternehmen von dem Anforderungsprofil einiges verspricht: professionelle Betreuung der digitalen Angebote des Unternehmens. Mike ist nun gespannt, was das konkret für ihn bedeuten wird.

Einer der Geschäftsführer begrüßt Mike an seinem neuen Arbeitsplatz und verwickelt ihn direkt in eine fachliche Diskussion: Ob er sich denn mit Datenschutz auskenne, fragt sein Chef. Wegen der Datenschutz-Grundverordnung, kurz DSGVO, habe er als Geschäftsführer nämlich einige Sorgen. Überall lese er von drohenden Bußgeldern in Millionenhöhe wegen Datenschutzverstößen. Schlaflose Nächte hatte er schon. Als kleines Unternehmen sehe er die Gefahr, dass es hier zu unnötigen Fehlern mit negativer Auswirkung komme – gerade jetzt, wo der Laden so gut laufe und der Kundenstamm so groß sei wie nie zuvor. Auch Abmahnungen wegen Datenschutzverstößen wolle er vermeiden, schließlich sei das das Letzte, was ein Unternehmen gebrauchen könne. Und bald stehe auch noch die ePrivacy-Verordnung an, so dass alles „noch schlimmer" werde. Mike ist sichtlich verunsichert und gibt offen zu, zwar die neue Datenschutzhysterie mitbekommen zu haben, dass er aber nicht wirklich wisse, was man alles tun muss, um die DSGVO bei Websites tatsächlich umzusetzen. Der Geschäftsführer meint, dass sei am ersten Arbeitstag natürlich kein Problem. Er bittet jedoch Mike, sich rasch in die wesentlichen Anforderungen des Datenschutzrechts einzulesen und die eigene Website dabei im Fokus zu haben. Vielleicht würden Mike ja

Verbesserungen auffallen, die man schnell und einfach umsetzen könne. Der Geschäftsführer verabschiedet sich mit den Worten, dass er fest auf Mike zähle. Mike freut sich über das in ihn gesetzte Vertrauen. Er ist hochmotiviert und fest entschlossen, alles richtig zu machen.

Nach der ersten Euphorie über die übertragene Aufgabe stellt Mike jedoch wenig später etwas ernüchternd fest: Er kennt weder die Datenverarbeitung auf der Website des Unternehmens noch die Grundlagen des Datenschutzrechts. In seinem Informatikstudium wurde Datenschutz nicht behandelt. Mike will seinen neuen Chef aber keinesfalls enttäuschen und fängt an, im Web zu recherchieren. Die Suche nach „Datenschutz bei Websites" ergibt über 50 Millionen Treffer bei Google – Mike ist völlig verzweifelt. Er weiß nicht, wie er strukturiert an die Aufgabe herangehen kann. Zum Glück hat Mike gute Bekannte, die bei der Datenschutzaufsicht arbeiten. Mike fragt nach, ob sie ihm die Grundlagen beibringen könnten, also das Wesentliche, das man wissen muss, wenn man sich mit dem Thema Datenschutz bei Websites beschäftigt. Auf die Experten ist Verlass: Sie helfen Mike und beantworten seine Fragen.

#DSGVO

1. Was ist eigentlich die DSGVO?

Die DSGVO, kurz für Datenschutz-Grundverordnung, ist eine Verordnung der Europäischen Union, die Regelungen zur Verarbeitung personenbezogener Daten enthält, d. h. dort ist geregelt, was erlaubt ist und was nicht. Die DSGVO soll den Einzelnen vor Beeinträchtigungen und Rechtsverletzungen schützen, die durch die Verarbeitung seiner personenbezogenen Daten entstehen. Vereinfacht ausgedrückt möchte die DSGVO also Personen insbesondere davor schützen, dass mit ihren Daten etwas passiert, was sie nicht möchten. Mögliche Schäden wie z. B. Diskriminierung, Identitätsdiebstahl, finanzieller Verlust oder Rufschädigung sollen verhindert werden. Aber auch bei einer „erlaubten“ Verarbeitung von Daten einer natürlichen Person müssen klare Vorgaben berücksichtigt werden. Was zunächst einmal überraschend klingt: Grundsätzlich ist jede Verarbeitung personenbezogener Daten verboten, es sei denn, es gibt eine Rechtsvorschrift, die die Verarbeitung erlaubt oder die betroffene Person selbst hat vorher in die Datenverarbeitung eingewilligt. Aus diesem Grund existiert eine Vielzahl von Rechtsvorschriften, die die Verarbeitung von Daten spezifisch regeln, z. B. im Gesundheitsbereich für Ärzte und Krankenversicherungen. Für Website-Betreiber besteht dagegen derzeit keine solche spezifische Rechtsvorschrift, die vorgeben würde, was auf Websites konkret zu tun und zu lassen ist.

Die DSGVO ist als EU-Recht noch relativ jung und gilt verbindlich in der gesamten EU. Das bedeutet, dass jedes Unternehmen (die DSGVO spricht hier vom „Verantwortlichen“) deren Anforderungen beachten muss, wenn eine Niederlassung in der EU besteht oder das Unternehmen Waren und Dienstleistungen in der EU anbietet.

Kategorie: Recht

Fundort: Verordnung (EU) 2016/679 des Europäischen Parlaments und des Rates vom 27. April 2016 zum Schutz natürlicher Personen bei der Verarbeitung personenbezogener Daten, zum freien Datenverkehr und zur Aufhebung der Richtlinie 95/46/EG (DSGVO)

#DSGVO

2. Sind die Vorgaben der DSGVO für mich als Website-Betreiber relevant?

Ja. Auch wenn die DSGVO keine konkreten Regelungen für das Internet enthält, ist sie dennoch von Website-Betreibern zu beachten. Dies betrifft alle Website-Betreiber, vom Großkonzern bis zu den "Kleinen", wie z. B. Selbstständige, Blogger und kleinere Betriebe.

Als man das Datenschutzrecht in der EU reformieren wollte, war es das große Ziel, ein Gesetz zu formulieren, das sämtliche Sachverhalte zum Datenschutz sehr abstrakt regelt und technologieneutral formuliert. Die DSGVO wird dadurch nicht nur für Laien, sondern auch für Experten schwer verständlich. Jedoch besteht durch den hohen Abstraktionsgrad der Vorteil, dass man in einigen Jahren nicht in die Situation kommt, dass erneut ein neues Datenschutzrecht erforderlich wäre, weil sich die Technologien so rasant weiterentwickelt haben und das Gesetz hier nicht Schritt halten konnte.

Wir versuchen, dir die wesentlichen Bausteine der DSGVO für deine Website möglichst verständlich zu erläutern, da sie für dich die wichtigste gesetzliche Grundlage ist, die du derzeit berücksichtigen musst. Eines der zentralen Datenschutz-Elemente für deine Website wird immer die Frage der rechtlichen Zulässigkeit deiner Datenverarbeitung sein.

Kategorie: Recht

#ePrivacy-Richtlinie

3. Was ist die ePrivacy-Richtlinie?

Die ePrivacy-Richtlinie, auch im Alltag mehr oder weniger bekannt durch den Namen „Cookie-Richtlinie“, regelt vorrangig die Vertraulichkeit der elektronischen Kommunikation. Die elektronische Kommunikation umfasst nicht nur klassische Dienste wie Telefonie oder SMS, sondern auch alle internetbasierten Dienste wie Messenger, Apps und Websites.

Wie bei der DSGVO handelt es sich um eine europäische Rechtsvorschrift, die ebenso von deutschen Unternehmen zu beachten ist. Allerdings musste die Richtlinie zunächst durch den nationalen Gesetzgeber umgesetzt werden: Das hat der deutsche Gesetzgeber insbesondere durch das Telekommunikationsgesetz (TKG) getan.

Kategorie: Recht
Fundort: Richtlinie 2002/58/EG des Europäischen Parlaments und des Rates vom 12. Juli 2002 über die Verarbeitung personenbezogener Daten und den Schutz der Privatsphäre in der elektronischen Kommunikation; Telekommunikationsgesetz (Deutschland)

#ePrivacy-Richtlinie

4. Gilt die ePrivacy-Richtlinie dann auch für mich?

Grundsätzlich ja, aber für dich als Website-Betreiber hat die ePrivacy-Richtlinie datenschutzrechtlich keine besondere Bedeutung, auch das deutsche TKG nicht. Vielmehr hat die Richtlinie für Internet Service Provider, die zentral für die Bereitstellung von Telekommunikationsleistungen sorgen,

Relevanz, z. B. bei dem Thema Vorratsdatenspeicherung.

Die ePrivacy-Richtlinie soll demnächst allerdings durch die ePrivacy-Verordnung (ePrivacy-VO) abgelöst werden (Achtung, Verwechslungsgefahr der Begriffe). Welche konkreten Anforderungen das für Website-Betreiber haben wird, ist noch etwas offen – allerdings ist absehbar, dass es mit der ePrivacy-VO durchaus fundamentale Anforderungen für Online-Dienste geben wird.

Kategorie: Recht

#ePrivacy-VO

5. Was ist denn die ePrivacy-VO?

Wie die DSGVO wird auch die ePrivacy-VO als EU-Verordnung ein verbindliches Recht in der gesamten EU sein bzw. immer dann Anwendung finden, wenn sich ein Dienst an EU-Bürger richtet – sobald sie verabschiedet wurde. Die ePrivacy-VO wird ein Regelwerk, das die DSG-VO ergänzt und näher spezifiziert. Auch wenn zum Zeitpunkt des Drucks dieses Buches noch nicht alles „durch" war, können aus dem bestehenden Entwurf der ePrivacy-VO bereits viele Anforderungen für Website-Anbieter abgeleitet werden. Sie befasst sich hauptsächlich mit der Kommunikation über das Internet, insbesondere mit den Themen Tracking, Werbung und Einwilligung. Somit steht fest: Sie wird wesentliche Bereiche im Internet – zumindest in der EU – (neu) regeln.

Kategorie: Recht
Fundort: ePrivacy-VO: Vorschlag für eine Verordnung des Europäischen Parlaments und des Rates über die Achtung des Privatlebens und den Schutz personenbezogener Daten in der elektronischen Kommunikation und zur Aufhebung der Richtlinie 2002/58/EG (Verordnung über Privatsphäre und elektronische Kommunikation)

#ePrivacy-VO

6. Was soll denn die ePrivacy-VO im Detail regeln?

Wie schon die ePrivacy-Richtlinie wird die ePrivacy-VO die elektronische Kommunikation regeln. Das Besondere daran: Die DSGVO schützt bekanntlich ausschließlich natürliche Personen und zwar nur dann, wenn deren personenbezogene Daten verarbeitet werden. Anders dagegen die ePrivacy-VO: Zwar fallen bei der elektronischen Kommunikation fast immer personenbezogenen Daten an, wie z. B. Empfänger und Absender einer Nachricht, Metadaten (MAC-Adresse, IP-Adresse) – jedoch schützt die ePrivacy-VO vornehmlich die Vertraulichkeit der Kommunikation.

Die Vertraulichkeit der Kommunikation, in Deutschland oft mit dem Begriff des Fernmeldegeheimnisses gleichgesetzt, gilt immer dann, wenn mindestens zwei Teilnehmer miteinander kommunizieren. Unerheblich ist, ob es eine rein private Kommunikation zwischen Einzelpersonen ist oder eine Kommunikation zwischen Unternehmen.

Wie wichtig die Vertraulichkeit der Kommunikation ist, zeigt folgendes Beispiel:

> Stelle dir vor, ein Journalist recherchiert für einen brisanten Artikel. Er nutzt sein Smartphone für

> Memos und Fotos und telefoniert mit einem geheimen Informanten. Wenn er nicht darauf vertrauen kann, dass Dritte keinen Zugriff auf die gespeicherten Daten auf seinem Smartphone haben und die Telefonate nicht abgehört werden, kann er seine Arbeit nicht machen.
>
> Die Arbeit der Presse ist in einer Demokratie von besonderer Bedeutung: Wenn die Presse nicht frei ist, können sich die Bürger nur schwer eine freie Meinung bilden oder andere Grundrechte wie beispielsweise die Religionsfreiheit ausüben. Aber auch Unternehmen sind betroffen: Wenn Geschäftsgeheimnisse nicht mehr sicher sind, berührt das die unternehmerische Freiheit, was massive wirtschaftliche und existenzielle Folgen haben kann.

Folglich ist es wichtig, dass die Kommunikation vertraulich bleibt. Dabei spielt es keine Rolle, ob Menschen über SMS kommunizieren, Messenger nutzen oder andere moderne Möglichkeiten: Die Nachrichten müssen vertraulich bleiben. Man braucht also ein Gesetz, dass die Vertraulichkeit schützt. Und das macht künftig die ePrivacy-VO.

Kategorie: Recht

#ePrivacy-VO

7. Wie ist das Verhältnis der ePrivacy-VO zur DSGVO?

Das Verhältnis zwischen den beiden Verordnungen ist eine heikle Angelegenheit. Einerseits gibt es eine große Schnittmenge, da bei der elektronischen Kommunikation fast immer auch personenbezogene Daten anfallen. Andererseits ist der Zweck der Verordnungen unterschiedlich: Schutz der Vertraulichkeit der Kommunikation (ePrivacy-VO) vs. Recht auf Schutz personenbezogener Daten (DSGVO). In der Praxis wird es oftmals recht schwer sein, hier eine klare Trennlinie zu ziehen. Aber zum Glück musst das nicht du leisten. Für dich als Website-Betreiber sollte dabei nur wichtig sein:

- Die ePrivacy-VO wird auch für dich gelten
- Die Ausführungen der ePrivacy-VO hast du zusätzlich zur DSGVO zu beachten

Dort, wo es relevant sein kann, haben wir für dich schon die künftigen Regelungen der ePrivacy-VO berücksichtigt. Wir weisen dich an den entsprechenden Stellen darauf hin, was zu beachten ist, damit deine Website langfristig auch nach der ePrivacy-VO datenschutzkonform ist.

Von Bedeutung bleibt, dass sich viele formale Anforderungen nach der DSGVO richten werden. Das betrifft vor allem:

- Den Umgang mit Betroffenenrechten
- Die Anforderungen an die Datensicherheit
- Die Dokumentationspflichten, z. B. das Verzeichnis über die Verarbeitungstätigkeiten oder die Verträge zur Auftragsverarbeitung

Kategorie: Recht

#ePrivacy-VO

8. Ist denn schon absehbar, ab wann die ePrivacy-VO tatsächlich gilt?

Zum Redaktionsschluss des Buches galt die ePrivacy-VO noch nicht. Derzeit befindet man sich noch in Mitten des Gesetzgebungsverfahrens. Wann die ePrivacy-VO genau in Kraft tritt, kann man also nur erahnen. Spekuliert wird, dass sie 2019/2020 „kommt“ und es ähnlich wie mit der DSGVO eine Umsetzungsphase geben wird.

Wichtig ist für dich jedoch, dass wir dir heute schon Empfehlungen geben, die das laufende Gesetzgebungsverfahren berücksichtigen. Diese beruhen auf dem aktuellen Entwurf zur ePrivacy-VO. Du kannst dich also darauf verlassen, dass unsere Hinweise nicht aus der Luft gegriffen sind. Wenn du unsere Ratschläge beherzigst, ist deine Website wahrscheinlich auch nach offizieller Veröffentlichung der ePrivacy-VO datenschutzkonform.

Kategorie: Recht

#TMG

9. Was ist das Telemediengesetz?

Das Telemediengesetz, kurz TMG, ist ein Gesetz der Bundesrepublik Deutschland und enthält spezifische Regelungen für Online-Dienste, also konkret auch für Websites. Hier ist beispielsweise festgelegt, dass auf jeder Website ein Impressum enthalten sein muss. Außerdem bestehen besondere Vorschriften zum Datenschutz, die nur für das Internet gelten. Allerdings: Die im TMG enthaltenen Vorschriften zum Datenschutz im Abschnitt 4 gelten seit dem 25. Mai 2018 mit dem Start der DSGVO nicht mehr.

Kategorie: Recht

#TMG

10. Gelten für mich noch die datenschutzrechtlichen Regelungen des TMG, wenn meine Website bereits vor dem Start der DSGVO bestand?

Nein. Als Unternehmen musst du die datenschutzrechtlichen Vorschriften des TMG (Abschnitt 4) nicht mehr beachten. Andere Bereiche des TMG, die nichts mit Datenschutz zu tun haben, bleiben jedoch für dich weiterhin relevant.

Kategorie: Recht

#BDSG

11. Was ist das Bundesdatenschutzgesetz?

Das Bundesdatenschutzgesetz (BDSG) regelt den Umgang mit personenbezogenen Daten in der Bundesrepublik Deutschland. Grundsätzlich beinhaltet es für deutsche Unternehmen wenige Ergänzungen und Anpassungen zur DSGVO, z. B. wurde die Bestellpflicht für Datenschutzbeauftragte anders ausgestaltet. Solche Änderungen im Vergleich zur DSGVO gehen aber nur dann, wenn die DSGVO das auch ermöglicht (umgangssprachlich „Öffnungsklauseln" genannt). Weil die DSGVO an einige Stellen solche Öffnungsklauseln vorsieht, musste das alte BDSG angepasst werden. Wenn wir im Folgenden vom BDSG sprechen, meinen wir das BDSG in der neuen Fassung, die seit 25. Mai 2018 gilt. Viele nennen es übrigens „BDSG-neu".

Kategorie: Recht
Fundort: Bundesdatenschutzgesetz Deutschland, Inkrafttreten der Neufassung am 25. Mai 2018

#BDSG

12. Ist das BDSG-neu für mich als Website-Betreiber von Bedeutung?

Nicht wirklich, da das BDSG gerade bezüglich Websites keine Neuerungen oder schärferen Vorschriften für dich parat hat, sodass du dich in Bezug auf deine Website primär auf die DSGVO stützen kannst. Trotzdem musst du selbstverständlich, wenn das BDSG für dich Anwendung findet (z. B. wenn dein Unternehmen in Deutschland niedergelassen ist), die darin enthaltenen Datenschutzvorschriften berücksichtigen.

Kategorie: Recht

#NetzDG

13. Gibt es sonst noch ein Gesetz, dass Website-Betreiber datenschutzrechtlich tangieren kann?

Ja, das sogenannte Netzwerkdurchsetzungsgesetz, kurz NetzDG. Das NetzDG soll im Internet vor Hetze und Fake News, insbesondere im Bereich Social Media, schützen. Betreiber von Social Media-Plattformen sind z. B. verpflichtet, Prozesse für Beschwerdeverfahren einzurichten, eingehende Beschwerden wegen bestimmten Inhalten unverzüglich zu prüfen und ggf. diese Inhalte dann auch zu löschen.

Datenschutzrechtliche Relevanz hat das NetzDG durchaus, da es letztendlich um personenbezogene Daten geht, die Auslöser der Beschwerden sind. Bei einem Verstoß drohen Unternehmen hier, wie bei der DSGVO, Bußgelder in Millionenhöhe.

Kategorie: Recht
Fundort: Gesetz zur Verbesserung der Rechtsdurchsetzung in sozialen Netzwerken (Netzwerkdurchsetzungsgesetz)

#NetzDG

14. Gilt das NetzDG auch für mich, wenn ich eine „normale" Website anbiete?

Nein. Das NetzDG gilt nur für soziale Netzwerke, also gewinnorientierte Plattformen mit dem Ziel, dass Nutzer beliebige Inhalte mit anderen teilen oder der Öffentlichkeit zugänglich machen. Somit fallen bekannte Dienste wie Facebook oder Twitter darunter. Normale Websites, Online-Shops oder Messenger fallen hingegen nicht darunter. Selbst wenn du auf deiner Website eine Kommentarfunktion, z. B. für Produkte, anbietest, spielt das NetzDG für dich keine tragende Rolle.

Kategorie: Recht

#DSGVO

15. In den Datenschutzgesetzen, wie der DSGVO, tauchen immer wieder die gleichen Begrifflichkeiten auf – was sind die Wichtigsten für mich und was bedeuten sie?

Wir geben dir nachfolgend einen kleinen Überblick über die wichtigsten Begriffe, die im Datenschutz häufig verwendet werden:

a) Was sind „personenbezogene Daten"?

Personenbezogene Daten sind alle Informationen, die sich auf eine identifizierte oder identifizierbare Person beziehen. Identifizierbar ist jemand, wenn er direkt oder indirekt bestimmt werden kann. Hast du den Namen, die Anschrift oder das Geburtsdatum, so zählt das alles zu personenbezogenen Daten. Ein Geburtsdatum alleine gesehen lässt natürlich keinen direkten Rückschluss auf eine einzelne Person zu, da Millionen Menschen am gleichen Tag Geburtstag haben. Jedoch kann ein Geburtsdatum in Kombination mit weiteren Merkmalen, wie z. B. Geburtsort und Nachname, Personen identifizierbar machen, weshalb wir auch hier von personenbezogenen Daten sprechen. Somit können auch simple Angaben wie Haarfarbe und Accessoires eine Person identifizieren. Natürlich mag das offensichtlich erscheinen, jedoch zeigen wir dir später noch einige Daten, bei denen nicht auf den ersten Blick klar wird, dass das Datenschutzrecht Anwendung findet (z. B. technische Gerätekennungen, die dennoch auf Personen zurückschließen lassen). Du wirst sehen: Die Welt des Internets ist voller personenbezogener Daten.

Fundort: Art. 4 Nr. 1 DSGVO

b) Wer ist „Betroffener"?

Betroffener ist derjenige, dessen personenbezogene Daten verarbeitet werden. In deinem Fall ist das der Nutzer deiner Website. Es kann aber auch sein, dass du Daten von anderen Betroffenen verarbeitest, z. B. wenn bei der Bestellung eine andere Lieferanschrift angegeben wird oder wenn du E-Mails weitergeleitet bekommst. Auch die Beschäftigten im eigenen Unternehmen sind Betroffene, z. B. bei der Verarbeitung der Daten in der Personalabteilung.

Fundort: Art. 4 Nr. 1 DSGVO

c) Wer ist „Verantwortlicher"?

Verantwortlicher ist die natürliche oder juristische Person bzw. Stelle, die allein oder gemeinsam mit anderen über die Zwecke und Mittel der Verarbeitung von personenbezogenen Daten entscheidet. Das klingt komplizierter als es in Wirklichkeit ist – im Klartext heißt das bei Websites: Der Website-Betreiber ist Verantwortlicher. In der Praxis sieht es so aus, dass einzelne Mitarbeiter mit der Datenverarbeitung betraut sind, z. B. der Administrator, der Webmaster, der Kunden-Support. Wichtig ist dabei zu verstehen, dass rein rechtlich die einzelnen Mitarbeiter ihre Tätigkeiten im Alltag nur auf Anweisung durchführen. Verantwortlicher im datenschutzrechtlichen Sinne ist daher nicht der Mitarbeiter, sondern der Arbeitgeber, also das Unternehmen. Somit haben gerade die Geschäftsführer und Vorstände eine persönliche Verantwortung, sich um die Umsetzung der datenschutzrechtlichen Vorgaben in der eigenen Organisation zu kümmern – was spätestens bei den Themen Haftung und Bußgelder nicht mehr ganz so unwichtig für diese sein wird.

Tipp! Faustregel für dich: Wer als Dienstanbieter im Impressum steht, ist in aller Regel auch Verantwortlicher.

Fundort: Art. 4 Nr. 7 DSGVO

d) Wer ist „Auftragsverarbeiter"?

Der Begriff klingt etwas sperrig, meint aber kurz gesagt einen Dienstleister, der vom Verantwortlichen beauftragt wird und für ihn, also in seinem Auftrag, Daten verarbeitet. In der Praxis ist das sehr häufig der Fall, da ein Unternehmen meist nie alles alleine macht. Besser auf den Punkt bringt es dagegen die englische Bezeichnung, der „processor" [Bearbeiter] – also der, der tatsächlich die Daten speichert, verändert, löscht etc. Um dir zu verdeutlichen, wer im Alltag Auftragsverarbeiter sein kann, nennen wir dir ein paar Beispiele aus dem Website-Umfeld:

- Hosting-Partner
- Newsletter-Anbieter
- Dienstleister für Tracking

Fundort: Art. 4 Nr. 8 DSGVO

e) Wer ist „Empfänger"?

Empfänger ist jeder, der Zugriff auf personenbezogene Daten hat, sie weitergeleitet bekommt oder sonst wie mit den Daten umgeht. Dazu gehören z. B. die Auftragsverarbeiter, aber auch die, die zunächst nicht in die Datenverarbeitung involviert sind („Dritte").

Fundort: Art. 4 Nr. 9 DSGVO

f) Wer ist „Dritter"?

Der Dritte wird im Gesetz nur definiert, indem er von anderen Akteuren negativ abgegrenzt wird: Dritter ist jeder, der weder Betroffener, Verantwortlicher noch Auftragsverarbeiter ist, d. h. an sich mit der Datenverarbeitung erstmal nichts zu tun haben sollte.

Fundort: Art. 4 Nr. 10 DSGVO

g) Was sind „Informationen auf Endeinrichtungen"?

Das sind sämtliche Daten, egal ob personenbezogen oder nicht, die auf dem Gerät des Nutzers gespeichert sind und auf die du potenziell Zugriff nehmen könntest. Dazu gehören beispielsweise:

- Daten, die du über Berechtigungen einer App erhältst, wie Fotos aus der Bildergalerie oder Kontaktdaten aus dem Adressbuch
- Daten, die bei der Nutzung eines Dienstes anfallen

Die DSGVO kennt die Datenkategorie „Informationen auf Endeinrichtungen" nicht – sie konzentriert sich ausschließlich auf personenbezogene Daten. Bei der ePrivacy-VO sieht das jedoch anders aus, da dort insbesondere davon gesprochen wird. Wenn du die oben genannte Definition auf die Praxis überträgst, fällt nahezu alles im Web- und App-Umfeld darunter. Aus diesem Grund musst du als Website-Betreiber auch die Vorschriften für Informationen auf Endeinrichtungen aus der ePrivacy-VO beachten, die letztendlich den „Umgang mit Daten" regeln.

Kategorie: Recht
Fundort: vorrangig Art. 4 DSGVO, Art. 8 Entwürfe zur ePrivacy-VO

#Rechtsgrundlagen

16. Welche rechtlichen Voraussetzungen muss ich für eine zulässige Datenverarbeitung auf meiner Website erfüllen?

Die Verarbeitung personenbezogener Daten ist wie gesagt nur zulässig, wenn du dich auf eine Rechtsgrundlage, z. B. auf die Einwilligung der betroffenen Personen (meistens der Nutzer), stützen kannst. Beachte dabei, dass dies für jeden Verarbeitungszweck gilt. Möchtest du die Daten zur Bearbeitung einer Bestellung nutzen, aber auch für Werbezwecke verwenden, benötigst du streng genommen zwei Rechtsgrundlagen (bzw. Einwilligungen).

Tipp! Am besten überlegst du dir vorab, für welche Verarbeitungsprozesse und Zwecke du die Daten der Nutzer benötigst und prüfst anschließend die Rechtmäßigkeit, d. h. welche Rechtsgrundlagen in Frage kommen.

Kategorie: Recht
Fundort: Art. 6 DSGVO

#Rechtsgrundlagen

17. Welche Rechtsgrundlagen gibt es überhaupt für meine Datenverarbeitung?

Es gibt glücklicherweise eine Vielzahl von Rechtsgrundlagen, die dir die Verarbeitung von Daten allgemein erlauben. Die wichtigsten Rechtsgrundlagen findest du in Art. 6 DSGVO. Allerdings existieren noch weit mehr in Fachgesetzen, z. B. dem Steuerrecht.

Für die Verarbeitung von Daten bei deiner Website sind die möglichen Rechtsgrundlagen überschaubar: Am häufigsten werden Daten aufgrund einer Einwilligung, auf der Grundlage eines Vertrages oder aufgrund berechtigter Interessen verarbeitet. Andere Rechtsgrundlagen sind in der Praxis weniger wichtig.

Kategorie: Recht
Fundort: Einwilligung: Art. 6 Abs. 1 lit. a) DSGVO;
Vertrag: Art. 6 Abs. 1 lit. b) DSGVO;
Berechtige Interessen: Art. 6 Abs. 1 lit. f) DSGVO

#Einwilligung

18. Wann benötige ich die Einwilligung des Nutzers?

Du benötigst dann eine Einwilligung, wenn du die Verarbeitung auf keine andere Rechtsgrundlage stützen kannst oder die DSGVO es ausdrücklich vorschreibt, z. B. bei der Verarbeitung von sensiblen Daten, die besonders schützenswert sind. Solche Daten nennt die DSGVO übrigens „besondere Kategorien personenbezogener Daten", z. B. Angaben zur sexuellen Orientierung, Gesundheit und Religion.

Kategorie: Recht
Fundort: Art. 6 Abs. 1 lit. a) DSGVO; Art. 9 DSGVO

#Vertrag

19. Wann darf ich Daten auf Grund eines Vertrages verarbeiten?

Die DSGVO bestimmt, dass Daten verarbeitet werden dürfen, wenn es zur Erfüllung eines Vertrages oder zur

Durchführung vorvertraglicher Maßnahmen erforderlich ist. Ein solcher Vertrag ist z. B. der Nutzungsvertrag für einen Online-Dienst oder der Kaufvertrag bei einer Online-Bestellung. Im Grunde legst du durch den Vertrag fest, welche Daten für den Vertragszweck erforderlich sind.

Ein Beispiel:

> Bestellt ein Nutzer etwas über deinen Online-Shop, schließt ihr einen Kaufvertrag. Um deine Pflichten aus dem Kaufvertrag zu erfüllen, benötigst du üblicherweise die Anschrift und Zahlungsdaten. Die Verarbeitung ist somit auf Grundlage des Vertrags zulässig – eine separate Einwilligung ist dann beispielsweise nicht erforderlich.

Kategorie: Recht
Fundort: Art. 6 Abs. 1 lit. b) DSGVO

#Berechtigtes Interesse

20. Wann kann ich die Datenverarbeitung auf berechtigte Interessen stützen?

Die DSGVO sieht diese Rechtsgrundlage dann gegeben, wenn die Datenverarbeitung zur Wahrung deiner berechtigten Interessen erforderlich ist und nicht die Interessen oder Grundrechte des Nutzers überwiegen. Außerdem schreibt die DSGVO vor, dass besondere Rücksicht auf Kinder zu nehmen ist, weil sie sich der Gefahren und Risiken einer Datenverarbeitung oft weniger bewusst sind. Diese Regelung bereitet in der Praxis oftmals Probleme: Im Prinzip müsste sich jeder Verantwortliche ausführlich Gedanken machen, ob seine Interessen überwiegen und eine rechtliche Abwägung vornehmen. Das ist nicht nur für den Laien schwierig – auch die Aufsichtsbehörden sind sich hierbei nicht immer einig.

Bei folgenden Verarbeitungen kannst du dir aber sicher sein, dass deine Interessen überwiegen und die Verarbeitung somit zulässig ist:

- Erstellen von Log-Files für Sicherheitszwecke
- Einbindung von Schriftarten zur optimierten Darstellung deiner Website
- Einbindung von gewöhnlichen Kartendiensten, allerdings ohne Trackingfunktion
- Verwendung von reinen Statistik-Tools (z. B. Besucherzähler ohne Tracking)
- Kontaktformulare

Kategorie: Recht
Fundort: Art. 6 Abs. 1 lit. f) DSGVO

#Rechtsgrundlagen

21. Was ist, wenn ich meine Datenverarbeitung auf mehrere Rechtsgrundlagen stützen kann?

Nicht selten kann es vorkommen, dass du die Verarbeitung derselben Daten auf mehrere Rechtsgrundlagen stützen kannst. Beispielsweise benötigst du die Rechnungsanschrift des Kunden, um die Bestellung abzuwickeln (Art. 6 Abs. 1 lit. b) DSGVO). Gleichzeitig unterliegst du aber auch steuer- und handelsrechtlichen Aufbewahrungsfristen (Art. 6 Abs. 1 lit. c) DSGVO). Beachte aber, dass es sich hierbei aber um unterschiedliche Zwecke handelt. Einerseits geht es um die Vertragserfüllung und andererseits um das Steuerrecht und deine persönlichen Pflichten daraus. Beides musst du angeben bzw. im Rahmen deiner Nachweis- und Rechenschaftspflicht dokumentieren. Es reicht dabei völlig aus, wenn du das kurz und knapp festhältst – so wie wir in dieser Antwort.

Kategorie: Recht

#ePrivacy-VO

22. Wann darf ich „Informationen auf Endeinrichtungen" nach der ePrivacy-VO überhaupt verarbeiten?

Da das Gesetzgebungsverfahren nicht abgeschlossen ist, stehen die endgültigen Regelungen noch nicht fest. Die Tendenz ist, dass du unter den folgenden Voraussetzungen Daten verarbeiten darfst:

- Für Sicherheitszwecke und um den Dienst zur Verfügung zu stellen
  Beispiel: Ohne die Verarbeitung der IP-Adresse können die Datenpakete nicht zugestellt werden. Du darfst daher diese Informationen verarbeiten (mehr dazu nachher).
- Zu Abrechnungszwecken (z. B. In-App-Käufe)
- Wenn du eine Einwilligung dafür hast

Wir sagen dir später an den entscheidenden Stellen, ob du die Regelungen hierzu beachten musst und was zu tun wäre, um auch nach der ePrivacy-VO alles richtig zu machen.

Kategorie: Recht

#Strafen

23. Was droht mir, wenn ich die gesetzlichen Vorgaben zum Datenschutz nicht einhalte oder bewusst ignoriere?

Knallhart: Bis zu 20 Millionen Euro Bußgeld. Offiziell gilt: Wer gegen die DSGVO oder nationale Vorschriften zum Datenschutz verstößt, muss mit harten Konsequenzen rechnen. Die Datenschutzaufsichtsbehörden haben mittlerweile im Gegensatz zu früheren Jahren weitreichende Befugnisse, auch was das Verhängen und die Höhe von Strafen angeht. Im besten Fall wird bei einem Verstoß nur eine Verwarnung ausgesprochen, so dass du als Verantwortlicher den Verstoß zwar schnellstmöglich beseitigen musst, jedoch mit einem blauen Auge ohne finanzielle Strafe davon kommst. Im schlimmsten Fall droht dir aber die Untersagung der rechtswidrigen Datenverarbeitung (z. B. das Schließen deiner Website) oder ein Bußgeld in Höhe von bis zu 20 Millionen Euro bzw. 4% deines weltweit erzielten Jahresumsatzes. Selbst wenn du wegen eines weniger schwerwiegenden Verstoßes eine Geldbuße von 50.000 Euro zahlen musst, kann dir das durchaus wehtun.

Zusätzlich können auch Betroffene und Verbraucherschutzverbände gegen die rechtswidrige Verarbeitung klagen und Beschwerde bei den Datenschutzaufsichtsbehörden einlegen. In diesem Fall sind die Behörden gezwungen, sich mit der Beschwerde zu befassen und den Sachverhalt zu prüfen. Besonders gravierend ist dies dann, wenn der Verstoß nicht nur einzelne Betroffene innerhalb Deutschland betrifft, sondern der Fall „grenzüberschreitend“ ist, was bei Websites öfters vorkommt. In diesem Fall können sich auch Datenschutzaufsichtsbehörden anderer EU-Mitgliedsstaaten mit der Angelegenheit befassen. Eines solltest du dir dabei klar machen: Ein Bußgeldverfahren oder Verfahren vor den Zivilgerichten ist nicht nur aufgrund einer etwaigen Geldbuße kostspielig. Oft kommt es dem Verantwortlichen teuer zu stehen, dass das Vertrauen seiner Kunden zerstört ist – und das kostet im Zweifel mehr als „nur“ ein paar tausend Euro Bußgeld.

Kategorie: Recht
Fundort: Art. 83 DSGVO

#Haftung

24. Wer haftet dann eigentlich im Schadensfall, d. h. wenn ein Rechtsverstoß auf meiner Website begangen wurde?

Bei einem Verstoß haftet grundsätzlich der Verantwortliche, denn er ist dafür „verantwortlich“, dass alle datenschutzrechtlichen Anforderungen erfüllt sind. Bist du Geschäftsführer, Blogger, Vereinsvorstand oder in irgendeiner anderen Weise derjenige, der den Betrieb verantwortet, bist du aller Wahrscheinlichkeit nach auch derjenige, der im Schadensfall haftet. Als Webmaster, Mitarbeiter der IT oder einer anderen Abteilung des Unternehmens haftest du gewöhnlich nicht für Datenschutzverstöße auf deiner Website.

Natürlich ist es nicht ausgeschlossen, dass Dritte oder Dienstleister Verstöße begehen. Daher muss zwingend im Vertrag mit dem Dienstleister geklärt werden, wie mit einem Verstoß umgegangen wird und wer in welcher Höhe haftet. Das ist aber keine Besonderheit im Datenschutzrecht, sondern gilt im Geschäftsleben nahezu in allen Fällen.

Tipp! Wir empfehlen dir daher, durch entsprechende Vereinbarungen für den Schadensfall vorbereitet zu sein und angemessenen Schadensersatz zu erhalten, damit deine eigene unternehmerische Existenz nicht durch einen Verstoß von Dienstleistern gefährdet wird.

Kategorie: Recht
Fundort: Art. 82 DSGVO

#Websites

25. Muss ich die Vorschriften zur DSGVO auch beachten, wenn ich meine Website nur zu privaten Zwecken betreibe?

Ja, die DSGVO gilt grundsätzlich auch dann. Die Ausnahme, wann die DSGVO nicht anwendbar wäre, ist, wenn eine Verarbeitung ausschließlich im persönlichen oder familiären Bereich erfolgt. Dies wäre beispielsweise der Fall, wenn du Geburtstagslisten deiner Familie oder Freunde auf deinem privaten PC zu Hause führst. Sobald du jedoch Online-Dienste wie z. B. Social Media und Messenger verwendest oder eben selbst eine Website betreibst, gilt diese Ausnahme für dich nicht mehr.

Es hält sich hartnäckig die Meinung, „private Websites“ wie Blogs von Einzelpersonen fallen nicht unter die DSGVO. Das wäre insoweit richtig, wenn es tatsächlich rein private Angebote wären. Fast jede Website hat aber eine gewisse öffentliche Reichweite und richtet sich an die Internetgemeinschaft – und somit auch an EU-Bürger, weshalb die DSGVO greift. Nur wenn der Webspace zugriffsgeschützt und somit also für den normalen Internetnutzer nicht verfügbar wäre, könnte man eine ausschließlich rein persönliche oder familiäre Nutzung annehmen.

Tipp! Berücksichtige im Alltag folgenden Ansatz: Im Zweifel gilt die DSGVO für dich, weshalb du deren datenschutzrechtlichen Vorgaben beachten musst – gerade als Website-Betreiber, unabhängig vom veröffentlichten Inhalt.

Kategorie: Recht
Fundort: Art. 2 und 3 DSGVO

#Websites

26. Was darf ich auf meiner Website überhaupt veröffentlichen?

Du darfst fast alles auf deiner Website veröffentlichen. Immer dann, wenn es um personenbezogene Daten geht, musst du aber sicherstellen, dass du die Veröffentlichung auf eine Rechtsgrundlage stützen kannst – eben die DSGVO berücksichtigst.

Zwei kleine Beispiele dazu:

> Einfach beliebige Videos und Fotos von Personen zu veröffentlichen ist nicht zulässig. Die abgebildeten Personen müssen damit einverstanden sein (lediglich im Presseumfeld bestehen für Journalisten Ausnahmen).

Ebenso kannst du keine Inhalte veröffentlichen, die gegen eine rechtliche Vorschrift verstoßen. Unabhängig vom Datenschutz musst du also auch bestehende Copyrights beachten, um keine Urheberrechtsverstöße zu begehen.

Kategorie: Recht

#Fotos

27. Kann ich überhaupt noch Fotos von Personen auf meiner Website einstellen, z. B. von Mitarbeiter und Kunden?

Ja. Fotos dürfen weiterhin veröffentlicht werden, wenn du vorab eine Einwilligung eingeholt hast. Für Mitarbeiterfotos hat das Bundesarbeitsgericht diese Auffassung bestätigt und entschieden, dass selbst bei Beschäftigten dafür eine Einwilligung notwendig ist. Für Kundenfotos ist ebenso eine Einwilligung erforderlich, weil die Veröffentlichung meist wohl für Werbezwecke genutzt wird und unter Umständen nicht jeder Kunde – ohne vorher gefragt zu werden – damit einverstanden ist. Allerdings bestehen Situationen, wo nicht zwangsläufig eine Einwilligung erfolgen muss, sondern eine vorherige Information zur Veröffentlichung ausreicht, beispielsweise wenn du als Verein auf der Vereinswebsite Mannschaftsfotos veröffentlichst. Oder wenn du Fotos veröffentlichst, bei denen zahlreiche Personen abgelichtet sind und nicht einzelne Personen hervorstechen und in irgendeiner Art negativ ins Licht gerückt werden, z. B. wenn jemandem ein Missgeschick passiert.

Tipp! Die gesetzlichen Regelungen sind hier leider sehr unklar und die Aufsichtsbehörden vertreten dazu auch noch unterschiedliche Auffassungen. Der sicherste Weg ist deshalb, eine Einwilligung einzuholen. Das schafft Transparenz für den Betroffenen und Rechtssicherheit. Kannst du aus irgendwelchen Gründen ausnahmsweise vorab keine Einwilligung einholen, solltest du dir folgende Kontrollfrage stellen, mit der du fast immer richtig liegst: Wäre es für mich selbst in Ordnung, wenn ich auf dem Foto zu sehen wäre und in diesem Kontext auf der Website veröffentlicht werde? Lautet die Antwort „Nein“, holst du besser eine Einwilligung ein.

Kategorie: Recht

#Minderjährige

28. Darf ich Daten von Minderjährigen auf meiner Website verarbeiten?

Ja. Jedoch: Die DSGVO schreibt vor, dass du bei Kindern unter 16 Jahren eine Einwilligung der Eltern einholen musst, sobald du einen „Dienst der Informationsgesellschaft“ anbietest und sich dein Dienst direkt an Kinder richtet. Dienste der Informationsgesellschaft sind z. B. kostenpflichtige Online-Spiele oder Musik-Streaming-Portale.

Wir sind der Meinung, dass du in den seltensten Fällen mit deiner Website die Voraussetzungen erfüllst, so dass dich diese Vorschrift in der Regel nicht betrifft.
Wenn du glaubst, dass dich das Thema doch betrifft, weil du

vielleicht irgendeinen speziellen Service für Kinder anbietest, solltest du dich zuerst nach einem geeigneten Verfahren zur Altersverifikation umsehen. Derzeit gibt es leider kein Verfahren, dass sich in der Praxis durchgängig bewährt hat. Die Aufsichtsbehörden haben bislang folgende Verfahren vorgeschlagen:

- Zweifache Einwilligung („Double-Opt-In") über die E-Mail-Adresse der Eltern
- Post-Ident-Verfahren zur Verifizierung der persönlichen Daten
- Rückgriff auf eine Kreditkarte der Eltern
- Videokonferenz mit Eltern
- SOFORT Ident-Verfahren (online)

Wir glauben, dass sich mit Ausnahme von „SOFORT Ident" die genannten Verfahren eher weniger zur Altersverifikation eignen: Entweder sind sie so aufwendig, dass der Nutzer die Lust daran verliert oder das Missbrauchsrisiko zur Umgehung der Altersprüfung ist einfach zu groß.

Tipp! Solange die Aufsichtsbehörden kein praktikables Verfahren vorschlagen oder die Anforderungen nicht weiter präzisieren, bist du mit dem SOFORT Ident-Verfahren gut bedient.

Kategorie: Recht
Fundort: Art. 8 DSGVO

#Sensible Daten

29. Darf ich sensible Daten wie Angaben zur Gesundheit, zur Sexualität oder politischen Meinung auf meiner Website veröffentlichen und verarbeiten?

Ja, aber du benötigst dazu in aller Regel die Einwilligung des Nutzers. Eine Rechtsgrundlage für die Verarbeitung dieser sensiblen Daten gibt es nur unter ganz engen Voraussetzungen, z. B. wenn der Betroffene die Daten vorher selbst bewusst veröffentlicht hat. Die Voraussetzungen zu prüfen ist im Zweifel eine heikle Angelegenheit. Daher solltest du am besten immer vorab die Einwilligung des Users einholen.

Kategorie: Recht
Fundort: Art. 9 DSGVO

#Nutzerdaten

30. Wo fallen überhaupt personenbezogene Daten der Nutzer auf meiner Website an?

Personenbezogene Daten, die unter die Vorschriften der DSGVO fallen, sind auf deiner Website zahlreich vertreten: Zum einen im Frontend der Site, also dort, wo der User offensichtlich Daten als Content sieht, wenn er auf deinem Webauftritt surft. Darunter fallen beispielsweise die persönlichen Daten in einem User-Account, Nutzerkommentare und Profilbilder (Nutzungsdaten).

Zum anderen aber auch im Backend, wenn du Daten des Users beispielsweise in einer Kundendatenbank speicherst, Nutzeranalysen durchführst und Änderungen protokollierst (Log-Files).

Aber auch darüber hinaus fallen personenbezogene Daten an, nämlich dann, wenn der Nutzer deine Website aufruft und mit ihr interagiert. Bereits durch den ersten Aufruf einer Website werden eine Vielzahl personenbezogener Daten verarbeitet. In diesem Moment fallen auf dem Transportweg Verbindungsdaten an, die einen Personenbezug zum User ermöglichen können.

Zu den personenbezogenen Daten gehören also nicht nur Angaben des Nutzers im Kontaktformular oder bei der Registrierung für einen User-Account, sondern alle Informationen, über die ein User direkt oder indirekt identifizierbar ist. Das gilt z. B. für:

- IP-Adressen („Internet-Adressen")
- MAC-Adressen (Netzwerkadapteradressen)
- IMEI/IMSI-Nummern (Seriennummern eines Mobilgeräts/der SIM-Karte)
- AD-IDs (Advertising-Identifier)
- Benutzernamen (auch Pseudonyme wie z. B. „Honey123")
- Nutzerpasswörter (selbst wenn diese verschlüsselt bzw. gehasht werden)
- Profildaten (wie z. B. Adresse, Bankanschrift)
- E-Mail-Adressen (auch honey123@xyzmail.de)

Selbst der Referrer, der technisch beim Aufruf einer Website im Hintergrund unbemerkt mitgeschickt wird, kann ein personenbezogenes Datum sein, wenn IDs oder Kundennummern enthalten sind.

Zu wissen, welche personenbezogenen Daten du auf deiner Website verarbeitest, ist essentiell für dich, denn nach der DSGVO hast du den Nutzer über die Verarbeitung seiner Daten zu informieren.

Kategorie: Information
Fundort: Art. 4 Nr. 1 DSGVO

#Datenschutzerklärung

31. Wie informiere ich denn die User meiner Website über die Datenverarbeitung richtig?

Am einfachsten erfüllst du deine gesetzliche Informationspflicht, wenn du an zentraler Stelle deiner Website, z. B. im Footer (Fußbereich) oder in der Navigationsleiste unter dem Begriff „Datenschutzbestimmungen" oder „Datenschutzerklärung" auf deine Datenschutzinformationen verlinkst. Achte darauf, dass die Informationen jederzeit und leicht verfügbar sind. Du solltest sicherstellen, dass die Datenschutzerklärung sichtbar ist, egal welchen Browser und welches Gerät der Nutzer beim Surfen auf deiner Website verwendet.

Tipp! Bewährt hat sich die „Zwei-Klick-Prüfung": Benötigt der User höchstens zwei Klicks, um deine Datenschutzerklärung abzurufen, so ist sie leicht auffindbar und ausreichend eingebunden.

Da die Datenschutzerklärung für deine Website so wichtig ist, widmen wir uns dieser Thematik später in einem eigenen Kapitel ganz ausführlich, um alle deine Fragen im Detail zu beantworten.

Sie ist eines der zentralen Datenschutz-Elemente deiner Website, d. h. du solltest ihr auch die nötige Aufmerksamkeit und ausreichend Zeit widmen, damit du die gesetzlichen Anforderungen erfüllst.

Kategorie: Information
Fundort: Art. 12 und 13 DSGVO

#Betroffenenrechte

32. Welche Rechte haben die User meiner Website?

Zunächst wollen wir kurz festhalten, dass die DSGVO die Rechte der Personen stärkt, deren Daten verarbeitet werden. Bei dir sind das insbesondere die User, die deine Website besuchen und ggf. als Kunde sogar etwas in deinem Online-Shop kaufen. Die Betroffenen haben durch die DSGVO eine Vielzahl von zum Teil neu ausgestalteten Rechten.

Eines der bedeutsamsten Datenschutzrechte ist das Recht auf Information. Du musst jeden User darüber informieren, wie du die Daten verarbeitest. In der Praxis findet man diese Informationen in der Datenschutzerklärung. Da in nahezu allen Fällen bei Websites personenbezogene Daten verarbeitet werden, um wenigstens den Content der Website bereitzustellen, benötigt jede Website folgerichtig eine Datenschutzerklärung.

Neben dem Recht auf Information gibt es noch weitere Rechte, die der User aber erst aktiv geltend machen muss.

Dazu gehören:

- Recht auf Auskunft
- Recht auf Berichtigung
- Recht auf Löschung
- Recht auf Widerspruch
- Recht auf Widerruf der Einwilligung
- Recht auf Datenportabilität
- Recht auf Einschränkung der Verarbeitung

Außerdem hat jeder User das Recht, sich bei einer Datenschutzaufsichtsbehörde zu beschweren, wenn er der Meinung ist, dass ein Verstoß gegen die DSGVO auf deiner Website vorliegt.

Im Zusammenhang mit deiner Website wirst du am ehesten mit den Rechten Auskunft, Löschung und Widerspruch bzw. Widerruf zu tun haben. Das Recht auf Datenportabilität, bei dem Nutzerdaten zur Übertragbarkeit in einem gängigen Format vom Website-Betreiber zur Verfügung gestellt werden müssen, wurde insbesondere für Social Media-Plattformen eingeführt, so dass es für dich eher zu vernachlässigen ist.

Wie du diese Rechte auf deiner Website mit möglichst wenig Aufwand konkret umsetzen kannst, erklären wir dir in der jeweiligen Fallkonstellation später. Du solltest also mitnehmen, dass die Betroffenenrechte ein zentrales Datenschutz-Element für deine Website darstellen.

Kategorie: Nutzer
Fundort: Art. 13 bis 21 DSGVO

#Auskunft

33. Wie muss ich mit der Anfrage eines Betroffenen umgehen?

Zunächst richtet sich der Betroffene aktiv mit seiner Anfrage an dich. Du musst unbedingt sicherstellen, dass diese Anfrage in deinem Unternehmen berücksichtigt wird und an die jeweilige Fachabteilung weitergeleitet wird, die dafür zuständig ist. Fühlt sich allerdings für die Beantwortung von Auskunftsersuchen niemand zuständig oder wurde keine Person festgelegt, der diese Aufgabe übernimmt, passiert es schnell, dass die Anfrage unbeantwortet bleibt. Das hat gravierende Folgen: Reagierst du nicht rechtzeitig, begehst du einen Verstoß, der mit einem Bußgeld sanktioniert werden kann.

Kategorie: Nutzer
Fundort: Art. 15 DSGVO

#Auskunft

34. Wie viel Zeit steht mir denn zur Verfügung, um die Anfrage von Nutzern zur Datenauskunft zu beantworten?

Du hast als Verantwortlicher einen Monat Zeit, um Betroffenenanfragen zu beantworten. Nur in Ausnahmefällen darfst du die Frist um einen weiteren Monat verlängern. Das ist dann zulässig, wenn du einen plausiblen Grund dafür hast, z. B. massenhafte Anfragen vieler anderer Betroffener vorliegen. Außerdem müsstest du als Verantwortlicher bei einer Fristverlängerung noch innerhalb der Monatsfrist dem Betroffenen mitteilen, dass er noch eine Antwort erhält, du aber etwas mehr Zeit dafür benötigst. Wer schweigt oder die

Fristverlängerung nicht rechtzeitig mitteilt, begeht einen Verstoß, der von den Datenschutzaufsichtsbehörden sanktioniert werden kann.

Kategorie: Nutzer

#Auskunft

35. Wie umfangreich muss ich Auskunft erteilen?

Deine Auskunft muss folgende Informationen enthalten:

- Verarbeitungszwecke
- Kategorien personenbezogener Daten, die verarbeitet werden
- Empfänger oder Kategorien von Empfängern
- Speicherdauer bzw. die Kriterien für die Festlegung dieser Dauer
- Recht auf Berichtigung, Löschung, Widerspruch und Beschwerderecht bei einer Aufsichtsbehörde
- Alle verfügbaren Informationen über die Herkunft der Daten, falls die personenbezogenen Daten nicht bei der betroffenen Person erhoben werden
- Falls zutreffend: Das Bestehen einer automatisierten Entscheidungsfindung einschließlich Profiling gemäß Art. 22 Abs. 1 und 4 DSGVO (das wird bei dir als Website-Betreiber in der Regel nicht anfallen, sondern gilt z. B. bei Bonitätsauskünften)

Kategorie: Nutzer

#Auskunft

36. Kann ich, um den verschiedenen Betroffenenrechten gerecht zu werden, die angeforderten Nutzerdaten bei Bedarf auch per E-Mail versenden?

Ja, das ist durchaus möglich. Allerdings sollte unbedingt sichergestellt werden, dass die E-Mails verschlüsselt transportiert und die Auskunft z. B. als verschlüsselter ZIP-Anhang oder anderweitig inhaltlich geschützt versendet wird. Der Betroffene, also der Nutzer, der die Auskunft wünscht, erhält das Passwort zum Entschlüsseln über einen anderen Kommunikationskanal, z. B. per Telefon oder SMS.

Auf Nummer sicher gehst du aber, wenn die Auskunft über deine eigene Website im geschlossenen Nutzerbereich bereitgestellt wird und der Betroffene sich persönlich mit seinem Benutzername und Passwort authentifiziert. Du brauchst dafür von den Nutzer also nicht extra einen neuen Account einfordern, sondern kannst dies als kleines Zusatz-Feature in bestehende Nutzer-Accounts, z. B. in einem Online-Shop, anbieten.

Tipp! Stelle immer sicher, dass du die Auskunft der richtigen Person zur Verfügung stellst und dabei zeitgemäß vor unbefugten Zugriff schützt, d. h. nicht unverschlüsselt versendest.

Kategorie: Nutzer

#Auskunft

37. In welchem Format soll ich den Nutzern meiner Website in solchen Antwortschreiben auf ein Auskunftsersuchen mitteilen, welche Daten von ihnen verarbeitet werden?

Die Auskunft sollte von dir in einem einfachen, übersichtlichen Format erfolgen, sodass der Betroffene schnell einen Überblick seiner Daten bekommt. Wir empfehlen dir, bei elektronischen Anfragen auch deine Antwort elektronisch durchzuführen. Dabei ist die Verwendung von PDF-Dateien sicher hilfreich. Bewährt hat sich, die Auskunft in Tabellenform zu erteilen, z. B. „Zweck der Verarbeitung: Anfrage über Kontaktformular beantworten". Fachbegriffe oder interne Abkürzungen sind von dir zu erläutern.

Kategorie: Nutzer

#Auskunft

38. Darf ich für die Auskunft Geld verlangen, da ich schließlich einen gewissen Aufwand habe?

Nein. Deine Antwort auf das Auskunftsersuchen eines Nutzers muss kostenfrei zur Verfügung gestellt werden. Die DSGVO weist darauf hin, dass die Informationen grundsätzlich unentgeltlich zur Verfügung gestellt werden müssen. Lediglich dann, wenn die Anfragen unbegründet oder häufig wiederholt werden (exzessiv), kann von der betroffenen Person ein angemessenes Entgelt verlangt werden – oder sogar die Auskunft verweigert werden.

Kategorie: Nutzer
Fundort: Art. 12 Abs. 5 DSGVO

#Negativauskunft

39. Was muss ich tun, wenn ich bei einem Auskunftsersuchen feststelle, dass ich von diesem „Betroffenen" gar keine Daten habe?

Nicht selten kommt es vor, dass sich Nutzer einfach an irgendwelche Unternehmen wenden und Auskunft verlangen. Solltest du so ein Auskunftsersuchen erhalten, ist es wichtig, dass du auf jeden Fall antwortest – egal, ob du Daten des Nutzers verarbeitest oder nicht. Du bist immer verpflichtet, eine Rückmeldung zu geben. Solltest du tatsächlich keine Daten des Anfragenden verarbeiten, musst du eine sogenannte „Negativauskunft" erteilen. Das bedeutet, dass du lediglich mitteilst, dass du keine Daten des Anfragenden besitzt und sein Auskunftsersuchen sowie deine Antwort als Nachweis dafür speicherst, dass du seine Anfrage auch bearbeitest hast. Ansonsten kann es dir passieren, dass dich der Anfragende reinlegt und im schlimmsten Fall – völlig unberechtigt – Beschwerde bei der Aufsichtsbehörde einlegt, weil du nichts getan hast. Aus diesem Grund hast du ein berechtigtes Interesse alles zu speichern, was im Zusammenhang mit der Negativauskunft steht.

Kategorie: Nutzer

#Websites

40. Wie funktionieren eigentlich normale Websites technisch im Internet?

An sich funktioniert das Internet aus einem Zusammenspiel aus Angebot und Nachfrage. Stark vereinfacht sieht das Ganze so aus: Du bietest als Website-Betreiber einen Dienst an, konkret eine Website, die auf einen Webserver liegt und unter einer festen Adresse erreichbar ist (Server-Seite). Der Nutzer wiederum ist derjenige, der über seinen Internetbrowser (Firefox, Edge, Chrome, etc.) Interesse an deiner Website hat und das Angebot auf seinem Endgerät (Smartphone, Tablet, Notebook, PC, etc.) abruft (Client-Seite). Danach kann eine weitere Kommunikation zwischen dem Server und dem Client zustande kommen, je nachdem, was der Client alles vom Server nutzen möchte. In Rahmen dieser Unterhaltung verarbeitest du bzw. deine Website also personenbezogene Daten des Nutzers, weshalb die DSGVO Anwendung findet.

Etwas detaillierter kann man den Vorgang wie folgt beschreiben: Deine Website besteht aus vielen einzelnen Dateien, die in einer geeigneten Programmiersprache (HTML, JavaScript, PHP, CSS, JSON, etc.) geschrieben und in einem bestimmten Format gespeichert worden sind. Diese Dateien liegen auf deinem eigenen oder einem angemieteten Webserver, dessen Funktion es ist, diese Dateien über das Internet abrufbar bereitzuhalten. Dafür hat der Server eine eigene Adresse, die sogenannte IP-Adresse. Damit deine Website dauerhaft gut erreichbar bleibt, ändert sich diese nicht und bleibt starr, z. B. 195.200.71.157. Da sich Menschen solche IP-Adressen nur schwer merken können, werden typischerweise Domains und URLs (Uniform Resource Locator) verwendet, die in nutzerfreundlicher Weise eine Zuordnung zu deiner Website ermöglichen.

Zum richtigen Umgang mit den Begriffen halten wir nachfolgende Definitionen fest:

- Website: Dein gesamtes Webangebot, d. h. alle Webseiten und Dateien
- Webseite: Eine einzelne, bestimmte (Unter-)Seite der Website
- Domain: Pfad zu deiner Website wie www.mikes-datenschutz-seite.de
- URL: Pfad zu einer bestimmten Webseite oder Datei wie www.mikes-datenschutz-seite.de/shop/leuchtturm/bestellung.html

Der Nutzer gibt in seinen Browser anstatt der IP-Adresse die Domain deiner Website direkt im Browser ein und schickt somit eine Anfrage (HTTP-Request) an den Webserver. In diesem Request sind einige Daten vom Nutzer enthalten, damit der Server weiß, mit wem er es (primär technisch) zu tun hat. Mit der IP-Adresse hat ein normaler Nutzer also keinen Kontakt. Jedoch hat der Nutzer durch seinen eigenen Internetanschluss auch selbst eine IP-Adresse, an die dann der Webserver den Inhalt der angeforderten Seite zurückschickt (HTTP-Response). Welchen Webserver du dabei einsetzt, ist dir überlassen (weit verbreitet sind Apache2, nginx und Microsoft IIS). Meist findet die Darstellung der vom Webserver zugesandten Dateien im Browser des Nutzers in HTML statt, der Standardsprache von Websites. Dort wird letztendlich definiert, wie die Website im Browser des Nutzers aussehen soll. Wenn die Daten vollständig übermittelt wurden, kann der Nutzer loslegen und auf der Website wie gewohnt surfen.

Datenschutz auf Websites bedeutet also auch, die Sicherheit der zahlreichen Nutzerdaten beim Transport und bei der Verarbeitung zu gewährleisten. Aus diesem Grund ist nach der rechtlichen Grundlage („Recht“), den Datenschutzbestimmungen („Information“) und den Betroffenenrechten („Nutzer“) das vierte wichtige Datenschutz-Element für Websites aus unserer Sicht die „Sicherheit“ deiner Datenverarbeitung.

Kategorie: Sicherheit

#IP-Adressen

41. Welche Funktion haben IP-Adressen?

IP-Adressen werden benötigt, damit die Kommunikation im Internet zwischen den Teilnehmern, z. B. deiner Website und dem Nutzer, überhaupt möglich wird. IP steht für Internet Protokoll – das bekannteste Netzwerkprotokoll für die Übertragung von Daten. Eine IP-Adresse ist an sich ähnlich wie eine ganz normale Postadresse. Sie besteht dabei aber nicht aus Straße, Hausnummer und Ort, sondern aus einer Kombination von vier Zahlen zwischen 0 und 255 (in der dezimalen Schreibweise) – jedoch hat sie die gleiche Funktion: Sie dient der richtigen Zustellung von (Daten-) Paketen von einem bestimmten Absender zu einem bestimmten Empfänger. Die bislang verbreitete Version v4 der IP-Adresse hat immer 32 Bit – das ist die sogenannte IPv4-Adresse.

Während dein Server eine statische IP-Adresse hat, damit er dauerhaft unter derselben Anschrift erreichbar ist, wechselt beim Nutzer die IP-Adresse zwangsweise in der Regel nach spätestens 24 Stunden. Durch den Domain Name Service (DNS) wird dafür gesorgt, dass die Zuordnung einer Domain mit einer IP-Adresse erfolgt und dem anfragenden Client bekannt wird (ähnlich wie im Telefonbuch, wenn du nach der Namenssuche die Rufnummer erhältst). Dein Webserver erhält also schon beim ersten Aufruf deiner Website durch den Nutzer dessen IP-Adresse. Da die IP-Adresse in diesem Moment nur diesem Nutzer zugeordnet ist, wird dadurch zumindest ein (theoretischer) Personenbezug ermöglicht, wodurch die IP-Adresse gewisse Datenschutzrelevanz erfährt. Ob und in welchem Umfang die IP-Adresse einen Personenbezug hat, ist seit Jahren Streitthema. Letztendlich führt die IP-Adresse isoliert betrachtet zu einem festen Zeitpunkt nur auf einen Internetanschluss zurück, nicht aber zwangsweise auf einen einzelnen Nutzer. Wie du möglichst datenschutzfreundlich mit der IP-Adresse des Nutzers umgehst, erläutern wir dir später.

Kategorie: Sicherheit

#Cookies

42. Was sind Cookies und welche Rolle spielen sie auf meiner Website?

Im Grunde genommen sind Cookies einfache Dateien, in denen Informationen zu deinem Webangebot und zum Nutzer gespeichert werden. Diese Dateien werden optional durch deine Website erstmalig erstellt und auf dem Endgerät des Nutzers lokal gespeichert. Bei jedem erneuten Aufruf deiner Website sendet der Nutzer automatisch seine Cookies zu deiner Website mit – es sei denn, er hat dies durch Einstellungen in seinem Browser unterbunden. Cookies enthalten durchaus verschiedene Arten von Informationen, bei denen du als Website-Betreiber normalerweise davon ausgehst, dass sie einmal nützlich für dich oder den Nutzer sein könnten (sonst würdest du sie ja vermutlich nicht verwenden). Du könntest beispielsweise ein Interesse daran haben, den Nutzer wiederzuerkennen, um ihm dann bestimmte auf ihn zugeschnittene Angebote oder Werbung anzuzeigen. Für den Nutzer können solche Cookies genauso nützlich sein: So könnte ein Bestellprozess, der durch irgendeinen Grund unterbrochen wurde, durch den erneuten Besuch der Website wieder an diesem Punkt fortgeführt werden, ohne dass der User die bereits abgeschlossenen Bestellschritte noch einmal wiederholen muss.

Cookies haben dabei je nach Verwendungszweck unterschiedliche „Laufzeiten“ (Gültigkeitsdauer) und werden auch auf unterschiedliche Weise auf dem Rechner des Nutzers gespeichert. Cookies können also vieles, aber eben auch deine Website-Besucher identifizierbar machen, weshalb Datenschutz eine Rolle spielt.

Kategorie: Sicherheit

Mikes Story

Mike hat einiges gelernt: Die DSGVO ist DAS Datenschutzthema für seine Website – und die ePrivacy-VO kann es noch werden. Dank der Experten hat er nun auf der nächsten Buchseite eine erste kompakte Checkliste erstellt, welche die wichtigsten Datenschutz-Elemente für sein Webangebot sind. Diese Bausteine will er immer im Auge behalten, wenn es um die Umsetzung neuer Anforderungen geht.

Checkliste: **Grundlagen**

✓ Recht

- Die Rechtsgrundlage für die jeweilige Verarbeitung von personenbezogenen Daten auf der Website klären
(u. a. Einwilligung, Vertrag, Gesetz, Interessenabwägung)

✓ Information

- In geeigneter und verständlicher Form den von der Datenverarbeitung betroffenen Person (Nutzer) entsprechend informieren
(u. a. Datenschutzerklärung, Einwilligungstexte, Hinweise)

✓ Nutzer

- Die umfassenden Rechte des Nutzers der Website ausreichend berücksichtigen
(u. a. Auskunft, Berichtigung, Löschung, Widerspruch, Widerruf der Einwilligung, Datenportabilität)

✓ Sicherheit

- Die Sicherheit der Website als zentrales Thema adressieren, um die Nutzerdaten angemessen zu schützen
(u. a. Webserver, Code, Datenbanken, Umgebung)

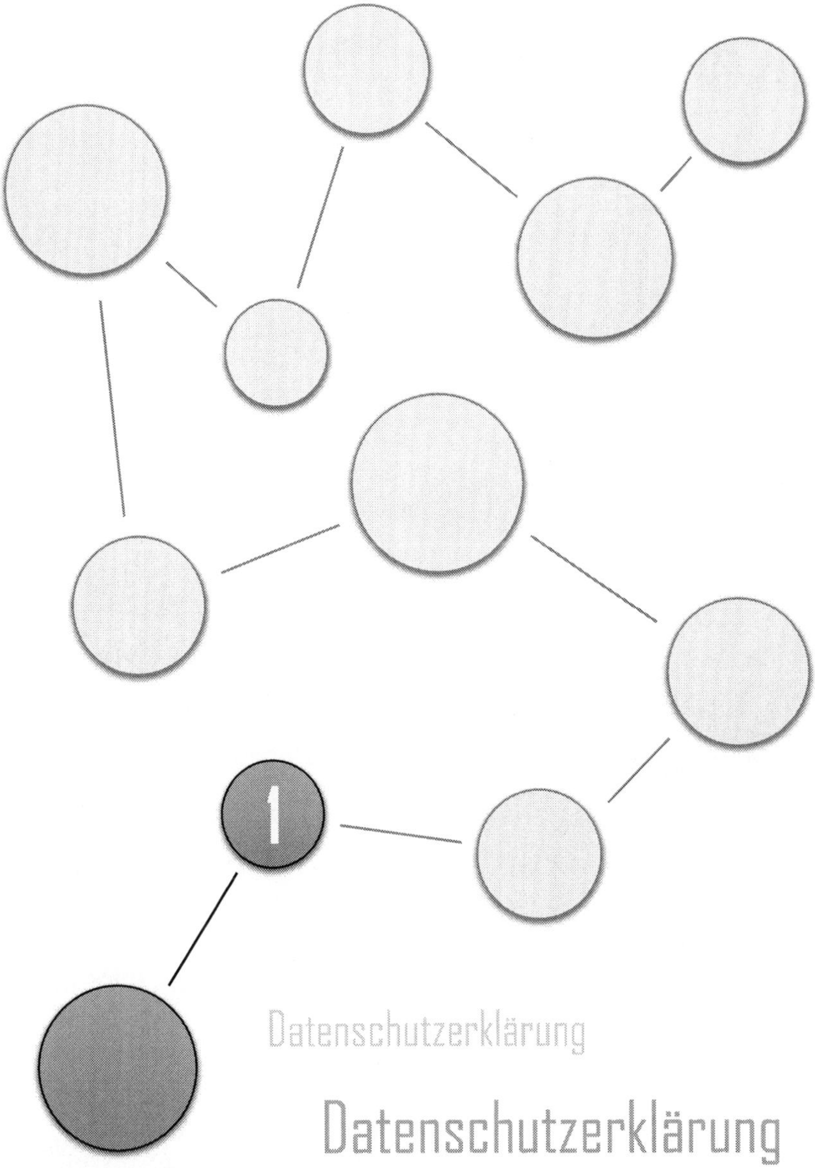

Datenschutzerklärung

Datenschutzerklärung

Datenschutzerklärung

1. Datenschutzerklärung

Mikes Story

Mike ist froh, endlich ein einfaches Datenschutzgrundgerüst für seine Website zu haben. Als Allererstes möchte er die bestehende Datenschutzerklärung der Website von biosphere4yourLIFE untersuchen: Genügt sie schon den neuen Vorgaben der DSGVO? Oder müssen noch Anpassungen gemacht werden – wenn ja, welche und wo? Nach dem ersten Durchlesen der eigenen Datenschutzerklärung stellen sich Mike viele Fragen. Er kontaktiert das Expertenteam und bittet um Hilfe.

#Datenschutzerklärung

43. Ab wann wird eine Datenschutzerklärung auf meiner Website benötigt?

Sobald personenbezogene Daten auf deiner Website verarbeitet werden, brauchst du eine Datenschutzerklärung. Konkret bedeutet das: Du benötigst in jedem Fall eine Datenschutzerklärung, da schon beim Laden der Website personenbezogene Daten vom Nutzer verarbeitet werden. Hast du Elemente wie z. B. ein Kontaktformular oder einen Login-Bereich auf deiner Website, musst du darüber ebenso informieren.

Jede Aktion des Users auf deiner Website hat also eine Verarbeitung seiner Daten zur Folge, über die dann folgerichtig informiert werden muss. Häufige Bestandteile der Datenschutzerklärung sind daher folgende Punkte:

- Bereitstellung der Website und Log-Files
- Kontaktformular
- Newsletter-Anmeldung
- Analytics (z. B. Matomo)
- Tools für Retargeting
- Einbindung von Videos, Kartendiensten und Schriftarten

Wir werden dir die einzelnen Funktionen mit den passenden Formulierungen für deine Datenschutzerklärung später an geeigneter Stelle erklären.

Kategorie: Recht

#Datenschutzerklärung

44. Wie muss ich eigentlich den Bereich benennen, in dem Informationen zum Datenschutz auf der Website platziert werden?

Das Gesetz sieht hier keinen bestimmten Begriff vor. In der Praxis wird oft das Wort „Datenschutzerklärung" verwendet. Dies kannst du gerne übernehmen. Wir empfehlen jedoch, um gerade Verwechslungsgefahren mit dem Begriff der Einwilligungserklärung vorzubeugen, vielleicht besser „Datenschutz", „Datenschutzhinweise" oder „Rechtliches" zu verwenden. „Datenschutzerklärung" ist aber natürlich auch völlig in Ordnung und wird zumindest im deutschsprachigen Raum sehr häufig verwendet. Wenn wir also nachfolgend von „Datenschutzerklärung" sprechen, meinen wir stets die Hinweise zum Datenschutz auf deiner Website.

Kategorie: Recht

#Datenschutzerklärung

45. Was muss in meiner Datenschutzerklärung stehen?

Letztendlich hängt das stark von der tatsächlichen Datenverarbeitung auf deiner Website ab, aber es bestehen Vorgaben, die alle Website-Betreiber gleichermaßen betreffen.

Auch wenn wir es tendenziell vermeiden wollen, Gesetzestexte zu zitieren, möchten wir hier ganz konkret auf die DSGVO verweisen. Sie hält nämlich eine ideale Checkliste für dich bereit. In Art. 13 DSGVO findest du alles, was unbedingt in deiner Datenschutzerklärung enthalten sein muss:

- Kontaktdaten des Verantwortlichen (Unternehmen, Verein, Blog-Betreiber, etc.)
- Datenschutzbeauftragter
- Information über die Daten, die du verarbeitest
- Zwecke, für die die Daten verarbeitet werden
- Rechtsgrundlage für die Verarbeitung
- Empfänger von Daten
- Übermittlung an Drittländer
- Informationen zu den Rechten der Nutzer

Ableiten lassen sich daraus auch die nachfolgenden Themen, die bei einem Einsatz in der Erklärung auftauchen müssen:

- Cookies
- Tracking
- Verwendung von Social Media-Komponenten

Die meisten dieser Angaben sind natürlich sehr allgemein in der DSGVO beschrieben. Wie das konkret in deiner eigenen Datenschutzerklärung umgesetzt wird, zeigen wir dir in einem Muster von uns am Ende des Buchs.

Kategorie: Information
Fundort: Art. 13 DSGVO

#Betroffenenrechte

46. Muss ich tatsächlich die Nutzer über ihre eigenen Rechte in meiner Datenschutzerklärung informieren?

Ja, auch wenn das natürlich zunächst etwas merkwürdig ist, da dies bedeutet, dass jede Website immer auch die allgemeinen Betroffenenrechte in der Datenschutzerklärung auflisten muss.

In diesem Fall ist es relativ egal, ob du dafür das Gesetz 1:1 abschreibst, eigene passende Formulierungen findest oder unser Muster verwendest, da hier Standardtexte ausreichen. In jedem dieser Fälle hättest du damit deine Pflicht erfüllt.

Tipp! Wir empfehlen dir, die Hinweise zu diesen Betroffenenrechten am Ende der Datenschutzerklärung aufzunehmen, da sie aus unserer Sicht zwar ein wichtiges, aber nicht das wichtigste Element der Erklärung darstellen sollen.

Kategorie: Nutzer
Fundort: Art. 13 Abs. 2 DSGVO

#Impressum

47. Kann ich meine Datenschutzhinweise auch direkt im Impressum auf der Website mit aufnehmen?

Nein. Auch wenn manche Website-Betreiber unter dem Impressum einige Informationen zum Datenschutz angeben, ist das keine gute Praxis und datenschutzrechtlich nicht als ausreichend anzusehen. Ins Impressum gehören wirklich nur die Daten, die offiziell in die Seite zur Kennzeichnungspflicht nach dem TMG sollten.

Ein Nutzer erwartet in der Regel nicht, dass er Datenschutzhinweise in deinem Impressum finden kann. Dementsprechend ist ein eigener Link bzw. ein eigener Website-Bereich für den Datenschutz einzurichten.

Kategorie: Information
Fundort: § 5 TMG

#Impressum

48. Was gehört dann alles in mein Impressum?

Das Gesetz schreibt in § 5 TMG fest, welche Angaben ins Impressum gehören. Letztendlich handelt es sich dabei um klare Vorgaben zur Anbieterkennzeichnung, damit deine Nutzer wissen, wer die Website betreibt. Die Vorschrift im TMG ist wie eine Checkliste. Du kannst sie also direkt verwenden, damit du keine wichtigen Angaben vergisst. Dazu gehören:

- Name des Betreibers und vollständige Anschrift
- Kontakt-E-Mail-Adresse und Telefonnummer
- ggf. Name der Geschäftsführer

- Angaben zur Eintragung im Handels- oder Vereinsregister
- Umsatzsteuer-Identifikationsnummer, etc.

Tipp! Zusätzlich zum Text des TMG selbst empfehlen wir dir „Impressum-Generatoren“. Diese gibt es mittlerweile sehr oft kostenlos im Netz und ermöglichen es dir, in wenigen Minuten einen passenden Impressumstext für die eigene Website zu entwickeln.

Kategorie: Information
Fundort: § 5 TMG

#Datenschutzbeauftragter

49. Muss unser betrieblicher Datenschutzbeauftragter, d. h. der des Website-Betreibers, in der Datenschutzerklärung persönlich genannt werden?

Nein, der Name muss nicht zwingend genannt werden. Wichtig ist jedoch, dass der Datenschutzbeauftragte erreichbar ist und der User eine Möglichkeit hat, sich an den Datenschutzbeauftragten zu wenden. Ein Funktionspostfach wie z. B. datenschutz@mikes-website.de ist hierfür ausreichend und unserer Meinung nach die beste Lösung. Mit so einer allgemeinen E-Mail-Adresse kannst du auch weitere Datenschutzanforderungen außerhalb der Website erledigen, u. a. die Registrierung zur gesetzlich erforderlichen Meldung des Datenschutzbeauftragten bei der zuständigen Aufsichtsbehörde.

Übrigens: Kleine Unternehmen brauchen nur selten einen Datenschutzbeauftragten. Er ist dann erforderlich, wenn mindestens zehn Personen ständig, d. h. ihre überwiegende Arbeitszeit mit der Verarbeitung von personenbezogenen Daten zu tun haben. In kleinen Unternehmen können daher ohne Weiteres auch deutlich mehr als zehn Personen regelmäßig Zugriff auf die Datenbestände nehmen, ohne dass ein Datenschutzbeauftragter bestellt werden muss.

Kategorie: Information
Fundort: Art. 37 bis 39 DSGVO; § 38 BDSG

#Datenschutzerklärung

50. Reicht eine einmalige Verlinkung zum Datenschutz auf meiner Startseite an prominenter Stelle aus?

Nein. Die Website-Besucher müssen die Möglichkeit haben, auch von Unterseiten auf den Bereich Datenschutz deiner Website zu kommen, ohne umständlich zur Startseite zurück navigieren zu müssen. Ansonsten wäre dies als datenschutzrechtlich ungenügend einzustufen. Charmant umsetzen kannst du dies, indem du einen festen Website-Bereich definierst, der immer eingeblendet wird (z. B. Header, Navigationsleiste oder Footer) und den Link zur Datenschutzerklärung beinhaltet.

Kategorie: Information

#Online-Muster

51. Kann ich nicht einfach eines der viel beworbenen Online-Muster für meine Datenschutzerklärung verwenden?

Unsere Antwort lautet schlicht „Nein“. Jede Website ist anders, sodass folglich auch die Verarbeitung personenbezogener Daten unterschiedlich sein wird. Allerdings spricht nichts dagegen, kostenlose Muster oder Datenschutz-Generatoren für die Datenschutzerklärung zu verwenden, um ein erstes Gespür dafür zu entwickeln, wie dein Text aussehen könnte. Beachte jedoch, dass nicht alle von dir auf der Website eingesetzten Tools oder Funktionen als Muster zur Verfügung stehen. Im Zweifel musst du das Muster also deutlich ergänzen und auf die Elemente deiner Website individuell abstimmen. Wir wollen dich mit dieser Anforderung nicht alleine lassen und stellen dir eine gute Orientierung in Form eines Musters später noch bereit. Aber wie gesagt: Komplette Muster für Datenschutzerklärungen kannst du nie 1:1 übernehmen, auch unseres nicht – du musst also noch individuelle Anpassungen machen, so dass der Text uneingeschränkt zu deiner Website passt.

Kategorie: Information

#Cookies

52. Muss ich in der Datenschutzerklärung über alle oder nur bestimmte Cookies informieren, die auf meiner Website gesetzt werden?

Du musst über alle deine Cookies informieren, die für die Datenverarbeitung von Bedeutung sind. Viele Websites enthalten leider sehr pauschale Hinweise zum Einsatz von

Cookies und erklären, was Cookies überhaupt sind. Das ist nicht nur für den Nutzer langweilig und wenig zielführend, sondern auch der falsche Ansatz, um den Datenschutz ausreichend zu würdigen. Wir empfehlen dir deshalb, dort über Cookies zu informieren, wo es auch relevant ist. Das wäre z. B. bei Tracking-Tools zur Wiedererkennung des Users der Fall, sofern dort Cookies zur Nutzernachverfolgung genutzt werden. Nebenbei sei hier erwähnt, dass du folglich auch bei anderen Trackingtechniken wie Browser Fingerprinting oder Sound Beacons entsprechende Hinweise in die Datenschutzerklärung mitaufnehmen musst, auch wenn keine Cookies zum Einsatz kommen.

Was du somit nicht benötigst, ist eine vollständige Liste über alle Cookies inklusive Name und Funktion in deiner Datenschutzerklärung. Diese Liste zu pflegen wäre nicht nur sehr aufwendig, sondern auch überflüssig.

Kategorie: Sicherheit

#Consent-Banner

53. Brauche ich beim Einsatz von Cookies neben den Hinweisen in der Datenschutzerklärung zusätzlich ein Cookie-Banner auf der Startseite?

Ja tatsächlich, aber das hat in erster Linie nichts mit dem Datenschutz zu tun, sondern geht aus eine Regelung aus der ePrivacy-Richtlinie zurück. Nach dem dortigen Art. 5 Abs. 3 musst du eine Einwilligung für jegliche Art von Informationen auf Endgeräten einholen, die du auf dem Gerät des Users speicherst oder auf die du zugreifst. Grund dafür ist, dass die Integrität des Gerätes berührt ist, also deine

Website konkret Daten auf dem Gerät des Nutzers speichert oder liest. Die Auswahl von Browsereinstellungen auf Nutzerseite genügt gesetzlich also nicht, z. B. wenn ein User „do-not-track" eingestellt hat.

Streng genommen ist der Name „Cookie-Banner" übrigens nicht korrekt, denn die Einwilligung muss sämtliche Zugriffe und Speicherungen erfassen. Besser wäre der ebenfalls verbreitete Begriff des „Consent-Banners".

Kategorie: Recht

#Consent-Banner

54. Auf was sollte ich bei der Gestaltung des Consent-Banners achten?

Wichtig ist, dass das Consent-Banner gleich beim erstmaligen Öffnen deiner Website erscheint und dabei alle Skripte, die potentiell Nutzerdaten erfassen, vor der Ausführung zunächst gehindert werden, also deaktiviert sind. Erst wenn der User seine Einwilligung abgegeben hat, in dem er seine „Häkchen" im Consent-Banner setzt, darf die eingewilligte Datenverarbeitung auch stattfinden.

In der Praxis wird oft der Fehler gemacht, dass beim Aufruf der ersten Seite schon Cookies gesetzt werden (ohne das eine Einwilligung dafür vorhanden ist) und erst dann das Banner eingeblendet wird, das den User um Erlaubnis fragt, ob er Cookies zulässt – was also eher Fake als echte Wahlmöglichkeit ist.

Darüber hinaus solltest du darauf achten, dass du das Banner übersichtlich gestaltest und nicht mit Hinweisen „überlädst". Zu viel Text in schlechter Formatierung schreckt eher ab als dass er verständlich informiert. Wir haben dir im Anhang ein Muster eines Consent-Banners beigefügt, damit du siehst, wie angenehm man diese Anforderung für beide Seiten (User und Website-Betreiber) umsetzen kann.

Tipp! Versuche das Banner möglichst kompakt zu gestalten. Dennoch musst du vor dem Auswahlfeld ein paar Worte darüber verlieren, wer Verantwortlicher ist, was der Zweck und die Kategorie der Datenverarbeitung (z. B. Website-Optimierung oder Werbefinanzierung) sind und welche Rechte der Betroffene dabei hat (Widerruf der Einwilligung).

Kategorie: Recht

#IP-Adressen

55. Ist der Umgang mit den IP-Adressen der Nutzer Bestandteil meiner Datenschutzerklärung?

Ja. Betrachte die IP-Adresse als personenbezogenes Datum, weshalb du auch darüber informieren musst, wie du bzw. die von dir beauftragten Dienstleister mit der IP-Adresse umgehen. Technische Hintergründe zur Datenübertragung und -verarbeitung in der Telekommunikation, also wie das Web funktioniert, musst du selbstverständlich nicht vortragen.

Spezifische Verarbeitungen, wie z. B. eine Geolokalisierung über die IP-Adresse zur regionalen Werbeeinblendung, sind von dir in der Datenschutzerklärung aufzuführen, weil diese Verarbeitungen für die Erbringung des Dienstes (deiner Website) nicht erforderlich sind.

Kategorie: Information

#Datenflussanalyse

56. Wie kann ich selbst leicht herausfinden, welche Aufrufe von meiner eigenen Website ausgehen?

Um feststellen zu können, welche Aufrufe beim Laden deiner Website stattfinden, haben in der Regel alle Browser passende, leicht zu bedienende Werkzeuge parat – meist die sogenannten Entwicklerwerkzeuge. Diese Sammlung an hilfreichen Tools kannst du über das jeweilige Browsermenü (Firefox, Edge, Chrome, etc.) öffnen. Unter dem Punkt Network (oder „Netzwerkanalyse“) kannst du, wenn du deine Website in der Adresszeile eingibst und lädst, sämtliche Aufrufe von Dateien und deren Herkunft (von welchem Server samt IP-Adresse) feststellen. So kann man mit den vorhandenen Features eines Browsers schnell und unkompliziert (insbesondere auch datenschutzrechtlich kritische) Aufrufe zu Drittanbietern auf deiner Website erkennen und genauer unter die Lupe nehmen (Google Analytics, Facebook Connect, etc.). Besonders hilfreich ist die Funktion, dass dich nicht nur sehen lässt, welche Server kontaktiert werden, sondern auch im Detail anzeigt, welche (ggf. personenbezogenen) Daten ausgetauscht werden (über das bekannte Request- und Response-Prinzip, das wir die beim Funktionieren von Websites erläutert haben).

Kategorie: Sicherheit

#ePrivacy-VO

57. Was ändert sich durch die ePrivacy-VO hinsichtlich meiner Datenschutzerklärung?

Du hast Glück: Es ändert sich voraussichtlich nichts für dich. Die Entwürfe zur ePrivacy-VO enthalten bisher kaum ergänzende Pflichten zur Transparenz, d. h. den Bereich, der für deine Datenschutzerklärung relevant ist.

Das bedeutet, dass sich die Anforderungen an deine Datenschutzerklärung fast ausschließlich nach der DSGVO richten – auch künftig. Wenn du dich deshalb an Art. 13 DSGVO orientierst und die vorhin ausführlich beschriebenen Hinweise beachtest, erfüllst du somit auch deine Informationspflicht, wenn die ePrivacy-VO gilt.

Kategorie: Information

Checkliste: **Datenschutzerklärung**

✓ Recht

- Die Datenschutzerklärung erstellen
- Das Consent-Banner bei der Nutzung von Cookies für die Einwilligung einblenden

✓ Information

- Die Datenschutzerklärung auch auf Unterseiten zugänglich machen
- Einen eigenen Link für die Datenschutzerklärung verwenden (nicht ins Impressum)
- Ein Funktionspostfach zum Datenschutzbeauftragten angeben
- Kein Online-Muster für die Datenschutzerklärung 1:1 nutzen, sondern immer an die eigene Website anpassen

✓ Nutzer

- Die Betroffenenrechte des Nutzers in die Datenschutzerklärung mitaufnehmen
- Die Betroffenenrechte als eigene Kategorie gebündelt in der Datenschutzerklärung auflisten

✓ Sicherheit

- ○ Alle sicherheitsrelevanten Cookies in der Datenschutzerklärung erläutern
- ○ Den Umgang mit der IP-Adresse des Users kompakt beschreiben (u. a. Log-Files)
- ○ Über einfache Netzwerkanalysen regelmäßig selbst prüfen, was die Website tatsächlich macht, d. h. welche Daten verarbeitet und an fremde Server übermittelt werden

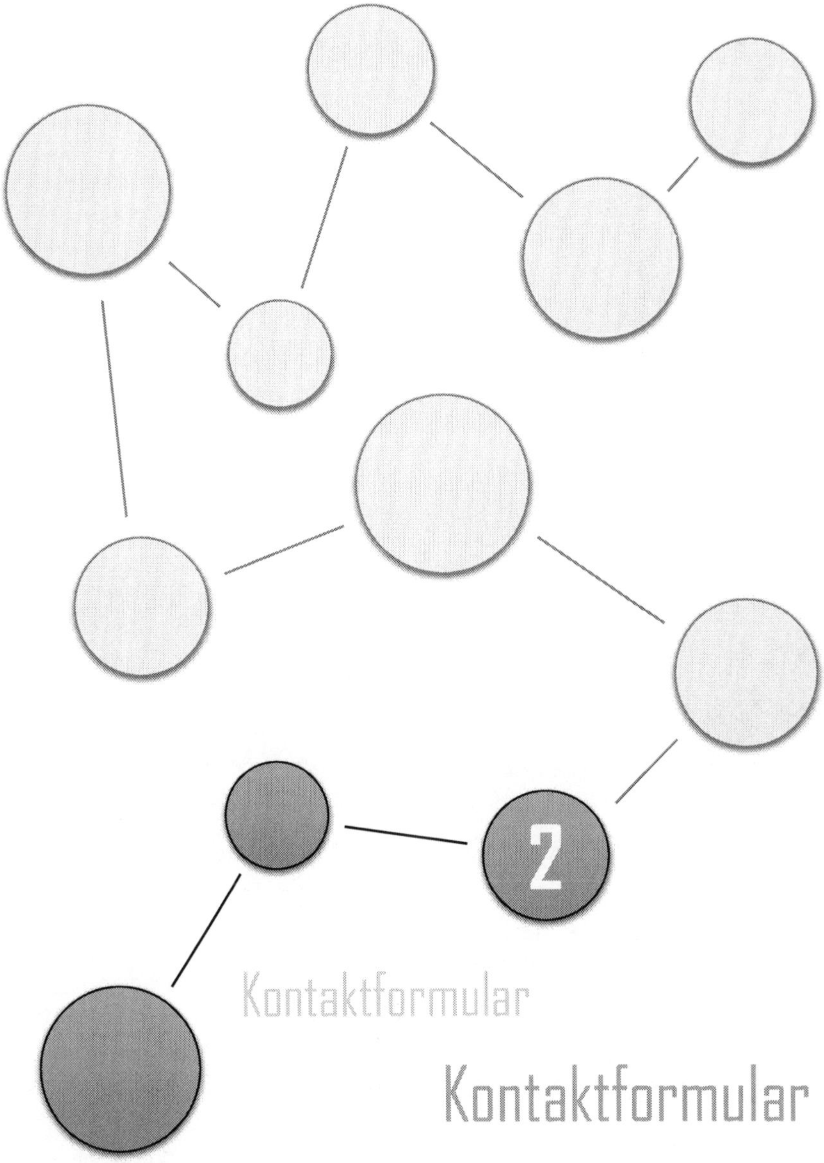

Kontaktformular

Kontaktformular

Kontaktformular

2. Kontaktformular

Mikes Story

Mike hat festgestellt, dass auf der Website von biosphere4yourLIFE bisher lediglich die allgemeinen Kontaktdaten des Unternehmens, d. h. Postanschrift und E-Mail-Adresse im Impressum, angegeben sind. Er ist der Meinung, dass das längst nicht mehr zeitgemäß ist, vor allem nicht für ein solch modernes Startup. Nutzer wollen doch unkompliziert direkten Kontakt mit dem Website-Betreiber und nicht erst auf altmodische Art eine E-Mail im eigenen Mail-Client schreiben – oder im schlimmsten Fall gar zum Telefon greifen müssen.

Mike schlägt daher dem Geschäftsführer vor, direkt auf der Website von biosphere4yourLIFE ein simples Kontaktformular einzubinden, um so dem Nutzer die Anfrage so leicht wie möglich zu machen und letztendlich auch die User Experience beim Website-Besuch zu verbessern. Vielleicht haben ja Nutzer beim Surfen direkt Fragen zum Produkt biospherePLASTIK.

Mike legt los, recherchiert kurz im Web und stellt fest: Templates für solche Kontaktformulare gibt es zu tausenden, sogar recht schick. Doch kann er einfach so eine Vorlage kopieren und in seine Website einbinden – oder hat er dabei etwas zu beachten? Mike kommt ins Grübeln, schließlich werden dadurch ja irgendwie Daten von Nutzern verarbeitet, und sei es nur deren E-Mail-Adresse. Am besten, er erkundigt sich bei seinen Datenschutzexperten.

#Kontaktformular

58. Sind Kontaktformulare unter der DSGVO noch zulässig?

Die gute Nachricht vorne weg: Ja. Die DSGVO hat allerdings die Sicherheitsanforderungen für Website-Betreiber verschärft und die Betroffenenrechte gestärkt. In deinem Kontaktformular geht es letztendlich darum, in sicherer Art und Weise mit deinen Usern in Kontakt zu treten. Somit sollte für dich klar sein: Bei der Einbindung von Kontaktformularen hast du aus Datenschutzsicht einiges zu beachten.

Kategorie: Recht

#HTTPS

59. Muss ich mein Kontaktformular auf der Website deshalb mit irgendeiner Verschlüsselung anbieten?

Ja, das ist richtig. Über das Kontaktformular werden schließlich personenbezogene Daten übertragen. Bei einer ungeschützten Übertragung von Daten über das Internet könnten Hacker diese mit vergleichsweise einfachen Mitteln abgreifen und mitlesen, z. B. wenn jemand deine Website in einem öffentlichen WLAN besucht. Deshalb ist eine Transportverschlüsselung (Transport Layer Security, kurz TLS) unerlässlich, ganz egal, wie sensibel die übertragenen Daten sind. Man spricht dann vom bekannten HTTPS (Hypertext Transfer Protocol Secure). Konkret ist dann deine Website und das Kontaktformular nicht unter **http**://.../kontakt/ zu erreichen, sondern unter **https**://... /kontakt/.

Kategorie: Sicherheit
Fundort: Art. 32 DSGVO

#HTTPS

60. Wie ist denn die Konfiguration von HTTPS für meine Website leicht umzusetzen?

Um eine Transportverschlüsselung richtig umzusetzen, müssen einige Punkte beachtet werden. So ist es für dich notwendig, ein aktuelles Standardprotokoll zu wählen (aktuell TLS 1.2 und TLS 1.3), eine starke Schlüssellänge für das Zertifikat zu verwenden (2048 Bit) und nur sichere Algorithmen wie AES 128 zu nutzen. Zudem darfst du keine der vielen bekannten Schwachstellen wie beispielsweise Poodle oder Heartbleed „offen" haben (durch den Heartbleed-Fehler in der OpenSSL-Bibliothek können private Daten von Servern ausgelesen werden).

Werden Daten über das TLS-Protokoll ausgetauscht, so handeln die beteiligten Server kryptographische Schlüssel aus, mit denen die Inhalte (u. a. Nutzerdaten) verschlüsselt werden. Damit bei einem Diebstahl oder Knacken eines dieser Sitzungsschlüssel (z. B. durch Cyberkriminelle oder Geheimdienste) nicht alle übertragenen Daten entschlüsselt werden können, gibt es ein geeignetes Verfahren: Perfect Forward Secrecy (PFS). Viele Aufsichtsbehörden fordern von Website-Betreibern, dass diese Einstellung zumindest aktiv unterstützt wird – aber nicht alternativlos erzwungen werden muss.

Weil bei der Transportverschlüsselung also eine Menge von dir dabei abverlangt wird, stellen wir dir nachfolgend eine Checkliste zur richtigen HTTPS-Umsetzung zur Verfügung:

- Beantrage dein SSL-Zertifikat bei einer vertrauenswürdigen Certificate-Authority (CA)

- Unterstütze ausschließlich die sicheren Protokolle TLS 1.2 und TLS 1.3
(kein Einsatz der veralteten Protokolle SSL 2, SSL 3, TLS 1.0 und TLS 1.1 mehr)
- Nutze Cipher-Suites, die Perfect Forward Secrecy (PFS) unterstützen (vorrangige Verwendung, d. h. keine Einschränkung darauf)
- Achte auf eine ausreichende Schlüssellänge von mindestens 2048 Bit
(besser: gleich 4096 Bit verwenden)
- Verzichte auf unsichere Kryptoalgorithmen wie SHA-1 und RC4
- Behalte deine SSL-Komponenten im Auge, dass diese nicht über bekannte Schwachstellen verfügen (u. a. die Heartbleed-Lücke oder die Gefahr von Poodle-Angriffen)
- Greife nicht auf selbstsignierte Zertifikate zurück

Übrigens: Websites, die kein HTTPS anbieten, erhalten in Suchmaschinen wie Google oft ein schlechteres Ranking. Somit gibt es auch außerhalb des Datenschutzes Gründe, um HTTPS zu nutzen.

Tipp! Beim BSI, aber auch bei vielen Forschungseinrichtungen, findest du online regelmäßig Veröffentlichungen zu Kryptoalgorithmen – also ganz konkret, welche als sicher und welche als gebrochen (und damit ungeeignet) einzustufen sind.

Kategorie: Sicherheit

#SSL-Zertifikat

61. Wieviel kostet ein solches SSL-Zertifikat?

SSL-Zertifikate müssen gar nicht teuer sein. Da sie mittlerweile zum Standard gehören und einen guten Ruf genießen, bewegen sich die Preise hierfür in einem sehr überschaubaren Rahmen von wenigen hundert Euro im Jahr. Gerade für Unternehmen handelt es sich um „Peanuts".

Tipp! Nutze die SSL-Zertifikate von „Let's Encrypt". Diese gemeinnützige Certificate Authority stellt bereits sehr viele der Zertifikate im Netz kostenfrei aus, um die HTTPS-Verschlüsselung im Internet voranzutreiben. Die wichtigsten Betriebssysteme und Browser stufen diese Zertifikate als vertrauenswürdig ein, so dass dies eine echte – und vor allem kostenattraktive – Alternative für dich sein kann.

Kategorie: Sicherheit

#SSL-Zertifikat

62. Warum reicht ein selbstsigniertes SSL-Zertifikat nicht aus?

Ein von dir selbstsigniertes SSL-Zertifikat wird spätestens vom Browser des Nutzers als unsicher eingestuft, da es nicht von einer der offiziellen, vertrauenswürdigen Zertifizierungsstellen (Certificate Authority) stammt. Um eine solche Sicherheitswarnung für die Besucher deiner Website zu vermeiden, raten wir von selbstsignierten SSL-Zertifikaten dringend ab. Angreifer verwenden oft bei gefakten – also nachgebauten, aber täuschend echten – Websites solche selbstsignierte Zertifikate, damit der Eindruck entsteht, die

Kommunikation würde verschlüsselt und sicher ablaufen, um sich dadurch das Vertrauen der Opfer zu erschleichen.

Somit solltest du mitnehmen: Ein selbstsigniertes SSL-Zertifikat reicht nicht aus, um die gesetzlichen Datenschutzanforderungen an die Sicherheit deiner Website zu erfüllen.

Kategorie: Sicherheit

#Verschlüsselung

63. Gibt es außer HTTPS noch andere Verschlüsselungsstandards bei Kontaktformularen?

Ja. Sollten bei einem Kontaktformular sensible Inhalte verschickt werden (z. B. Religionsangaben oder Gesundheitsdaten), so ist neben der Transportverschlüsselung auch eine Inhaltsverschlüsselung notwendig (Ende-zu-Ende-Verschlüsselung). In der Praxis haben sich dafür mit S/MIME, Verschlüsselung über ZIP-Dateien und OpenPGP drei verschiedene Varianten durchgesetzt. Sofern eine ausreichend starke Verschlüsselung gewährleistet wird, können alle genannten Varianten gleichermaßen gut eingesetzt werden. Denkbar ist beispielsweise eine Umsetzung mit JavaScript und der freien OpenPGP-Bibliothek auf deiner Website.

Also kannst du aus unserer Antwort ableiten: Solltest du ein Formular auf deiner Website verwenden wollen, über das eher sensible Daten ausgetauscht werden, musst du neben HTTPS als Transportschutz auch etwas für die Inhaltsverschlüsselung anbieten. Falls du das nicht möchtest, besteht hierfür noch eine Alternative: Anstelle der Ende-zu-Ende-Verschlüsselung des Kontaktformulars (zwischen dir und dem Nutzer) kannst du eine Ende-zu-Ende-Verschlüsselung per E-Mail-Kommunikation anbieten, d. h. das Kontaktformular wäre dann "nur" transportverschlüsselt per HTTPS. Damit das aber als zulässige Alternative ausreicht, müsstest du aber gleichzeitig auf die fehlende Sicherheit des Kontaktformulars und auf die sichere Alternative per verschlüsselter E-Mail verweisen. Du sagst dem Nutzer dadurch quasi: Bitte nutze dieses Kontaktformular auf dein eigenes Risiko, weil der Inhalt nicht sicher verschlüsselt ist – wenn dir das nicht behagt, kannst du uns auf sicherem Weg eine verschlüsselte E-Mail senden.

Kategorie: Sicherheit

#Validierung

64. Sollte ich die Texteingaben der Nutzer im Kontaktformular validieren?

Ja, wir empfehlen dir, die verschiedenen Eingabefelder mit Validierungen zu versehen. Der Grund ist ganz einfach: Mit einer Validierung gibst du vor, wie eine Eingabe in ein Inputfeld überhaupt aussehen soll bzw. darf, damit diese zum Server übertragen wird. So kannst du verschiedene Risiken wie zum Beispiel Cross-Site-Scripting, SQL-Injection oder Header-Injection reduzieren. Auch vermeidest du fehlerhafte oder unvollständige Angaben, z. B. wenn du bei dem Feld zur E-Mail-Adresse die Struktur xx@yy.zz vorgibst.

Kategorie: Sicherheit

#Kontaktformular

65. Ist im oder um das Kontaktformular in einer besonderen Weise von mir auf die Datenverarbeitung hinzuweisen?

Ja, du musst den User darüber informieren, für welchen Zweck du seine Daten verwendest, wie lange du sie speicherst oder ob du sie an andere Empfänger weiterleitest. Diese Hinweise sind entsprechend in deine Datenschutzerklärung mit aufzunehmen. Unser Muster zeigt dir, wie einfach und knapp man darüber informieren kann. Du musst den Nutzer also nicht extra direkt neben dem Kontaktformular mit Informationen überfluten.

Kategorie: Information

#Einwilligung

66. Muss bei meiner Website eine Einwilligung vom Nutzer eingeholt werden, wenn dieser das Online-Kontaktformular verwenden möchte?

Nein, grundsätzlich muss der Nutzer keine Einwilligung abgeben. Du kannst als Verantwortlicher deine Datenverarbeitung auf Art. 6 Abs. 1 lit. f) DSGVO stützen, weil du ein berechtigtes Interesse daran hast, die Anfrage des Nutzers zu bearbeiten. Allerdings dürfen die Daten auch nur zu diesem Zweck genutzt werden.

Falls das Kontaktformular vom Nutzer verwendet wird, um sich über angebotene Waren und Dienstleistungen zu informieren, kannst du die Verarbeitung zu diesem Zweck auch auf Art. 6 Abs. 1 lit. b) DSGVO stützen.

Nicht vergessen: In deiner Datenschutzerklärung musst du die Rechtsgrundlage auch für diese Verarbeitung angeben. Wie das aussehen kann, siehst du in unserem Muster.

Kategorie: Recht
Fundort: Art. 6 Abs. 1 DSGVO

#Einwilligungspflicht

67. Gibt es auch Ausnahmefälle, wo ich doch eine Einwilligung vom User benötige?

Immer dann, wenn sensible Daten verarbeitet werden, muss auch bei einem Kontaktformular eine Einwilligung eingeholt werden. Das kann z. B. der Fall sein, wenn über das Formular Gesundheitsdaten für die Terminvergabe bei einem Arzt abgefragt werden, das Kontaktformular für die Anmeldung bei einer religiösen Vereinigung oder politischen Partei genutzt wird oder der Nutzer Anhänge hochladen kann, die Rückschlüsse auf Daten zur Religion, Ethnischen Herkunft, sexuellen Orientierung etc. zulassen.

Bei deinem normalen Kontaktformular ist das aber nicht der Fall, so dass du davon ausgehen kannst, dass keine Einwilligung erforderlich ist.

Kategorie: Recht
Fundort: Art. 9 DSGVO

#Einwilligung

68. Wie müsste ich denn eine solche Einwilligung einholen, wenn ich sensible Nutzerdaten über ein Formular erfassen möchte?

Eine Einwilligung ist immer nur wirksam, wenn sie „informiert" ausgestaltet ist, der Nutzer sie tatsächlich freiwillig abgegeben hat und die Erklärung durch eine aktive Handlung des Nutzers erfolgt.

Folgendes hat sich in der Praxis dabei bewährt: Um den Nutzer nicht mit umfangreichen Informationen zu erschlagen, sollten im Einwilligungstext nur die wesentlichen Informationen enthalten sein (Verarbeitungszweck, Speicherdauer, Betroffenenrechte und Widerspruchsrecht). Umfangreiche Informationen über die Verarbeitung kannst du durch einen Link auf die vollständige Datenschutzerklärung geben.

Als aktive Handlung des Nutzers genügt das Anklicken einer Checkbox. Diese darf dabei aber keinesfalls vorbelegt sein. Der Nutzer selbst muss das Häkchen setzen und anschließend auf den Absenden-Button klicken. Nur dann ist die Einwilligung auch als freiwillig zu bewerten. Letztendlich musst du also das Formular so ausgestalten, dass ohne Einwilligungshäkchen kein Absenden möglich ist.

Übrigens: Die beschriebenen Anforderungen für ein Formular mit sensiblen Daten gelten sowohl für Pflichtangaben als auch für freiwillige Angaben des Nutzers.

Kategorie: Information

#Pflichtangaben

69. Wer entscheidet denn, welche Daten im Kontaktformular Pflichtangaben oder freiwillige Angaben sind?

Als Verantwortlicher entscheidest das du alleine. Du bestimmst, welche Daten du vom Nutzer benötigst. Allerdings solltest du nur so viele Daten anfordern, wie wirklich erforderlich. Das leitet sich nicht nur aus dem Grundsatz zur Datensparsamkeit ab, sondern auch aus dem Grundsatz Privacy by Default. Die DSGVO behandelt diesen Grundsatz unter den „datenschutzfreundlichen Voreinstellungen“ und beabsichtigt damit, dass Verarbeitungsverfahren von vornherein möglichst datenschutzfreundlich für den Nutzer ausgestaltet werden. Das beutet konkret, dass z. B. das Geburtsdatum oder die Anschrift des Nutzers nicht nötig sind, wenn das Kontaktformular für ein Online-Portal genutzt wird, bei dem sich jeder pseudonym anmelden kann.

Kategorie: Recht
Fundort: Art. 25 DSGVO

#Kontaktformular

70. Spielt es beim Kontaktformular dann eine Rolle, wie viele Daten abgefragt werden, also die Anzahl der Daten?

Ja. Aus Gründen der Sicherheit kann man sagen, dass der beste Schutz für Daten der ist, sie erst gar nicht zu erheben und zu verarbeiten. Jetzt wird dich diese Antwort mit hoher Wahrscheinlichkeit nicht zufriedenstellen – immerhin brauchst du manche Nutzerdaten ja gerade bei der Kontaktaufnahme, um Fragen zu gekauften Produkten zu beantworten, ein Geschäft abzuwickeln oder anderweitig über ein

Thema zu sprechen. Dennoch sollte an dieser Stelle die Datensparsamkeit zumindest Erwähnung finden.

Tipp! Im Sicherheitsbereich gilt: Je weniger Daten ich zu schützen habe, desto leichter tue ich mich, den Überblick zu behalten und angemessene Schutzmaßnahmen zu ergreifen. Also überlege dir gut, ob du wirklich eine große Anzahl an Daten brauchst oder ob nicht wenige ausreichen.

Kategorie: Sicherheit

#Kontaktformular

71. Darf ich beim Kontaktformular beliebige Arten von Daten vom Nutzer abfragen oder gibt es Einschränkungen?

Nein. Grundsätzlich steht es dir natürlich als Website-Betreiber frei zu entscheiden, welche Daten in einem Formular vom User abgefragt werden. Jedoch ist es gerade bei Kontaktformularen so, dass nicht beliebig viele Daten als Pflichtfelder abgegrast werden dürfen. So wäre beispielsweise zu beanstanden, wenn Telefonnummer, E-Mail-Adresse und Postanschrift verpflichtend angegeben werden müssen. Hier ist die klare Empfehlung, sich für einen Kommunikationskanal zu entscheiden und bei den anderen Daten den Nutzer selbst entscheiden zu lassen, ob er etwas angibt oder nicht („optionale" Felder). Hältst du dich nicht an diese Vorgabe, hätte die für dich zuständige Datenschutzaufsichtsbehörde etwas zu bemängeln.

Kategorie: Recht

#Speicherdauer

72. Wie lange darf ich als Website-Betreiber die Daten speichern, die mir über das Kontaktformular mitgeteilt werden?

An sich ist die Antwort ganz einfach: Du darfst die Daten solange verarbeiten, bis die Anfrage abschließend bearbeitet wurde. Danach sind sie also zu löschen.

Aber: Oft kommt es über die Anfrage des Nutzers zum Abschluss eines Vertrages. Dann dürfen die Daten nicht nur länger gespeichert werden – sie müssen es sogar, weil dann die gesetzlichen Aufbewahrungspflichten gelten. Von daher empfehlen wir dir etwas Vorsicht hinsichtlich voreiligen Löschens.

Kategorie: Recht

#Datenschutzerklärung

73. Muss ich wirklich alle im Kontaktformular erhobenen Daten in der Datenschutzerklärung nennen oder reicht es aus, wenn ich dort pauschal auf die verwendeten Eingabefelder im Kontaktformular verweise?

Du kannst beides machen, je nach Belieben. Ein Zwang, alle Felder des Kontaktformulars in deine Datenschutzerklärung im Detail aufzunehmen, besteht nicht. Ausreichend ist es für dich, wenn du pauschal auf die Eingabefelder verweist. Dies ist aus unserer Sicht auch deutlich praktischer, da einerseits die Datenschutzerklärung dann nicht noch voller wird und anderseits du eine gewisse Flexibilität hinsichtlich Änderungen am Kontaktformular behältst ohne gleich wieder die

Datenschutzerklärung anpassen zu müssen.

Eine Ausnahme würde nur dann bestehen, wenn du ganz unterschiedlich mit den einzelnen Daten des Formulars umgehen würdest, z. B. die Daten verschieden lange aufbewahrst oder manche an Dritte weitergeben solltest. Da dies ohne rechtliche Grundlagen nicht so einfach möglich ist und zudem kaum praktiziert wird, kannst du den zuvor beschriebenen Rat von uns berücksichtigen.

Kategorie: Information

#Zweck

74. Wie präzise muss ich die Zwecke der Datenverarbeitung beim Kontaktformular benennen?

Du musst immer möglichst präzise angeben, für welche Zwecke du die Daten verarbeitest, z. B. Werbung, Angebot für Produkt senden, etc. Vermeide allgemeine Floskeln – die kommen weder beim Nutzer noch bei der Aufsichtsbehörde gut an. Wie du das leicht umsetzen kannst, zeigen wir dir in unserem Muster am Ende des Buchs.

Kategorie: Information

#Zweck

75. Was ist, wenn ich als Website-Betreiber die Daten der Nutzer vom Kontaktformular nun doch für einen anderen Zweck nutzen möchte?

Willst du die Daten für einen anderen Zweck nutzen, darfst du das, sofern der neue Zweck mit dem alten Zweck

„kompatibel" ist. Wann das der Fall ist, ist in der Praxis ehrlich gesagt noch schwierig zu beurteilen. Hier gibt es bislang keine festen Kriterien und brauchbaren Empfehlungen der Aufsichtsbehörden.

Wenn du auf Nummer sicher gehen willst, überlegst du dir besser vorab genau, für welche Zwecke du die Daten benötigst und erweiterst die Einwilligung um den weiteren Zweck der Datenverarbeitung. Den Zweck nennst du dann aber konkret, damit der Nutzer von Anfang weiß, was du mit den Daten vorhast.

Tipp! Wir sind der Meinung: Kontaktformular nur für die Kontaktaufnahme – für alles andere besser separate Formulare verwenden (z. B. Online-Terminvereinbarung).

Kategorie: Information
Fundort: Art. 6 Abs. 4 DSGVO

#Speicherdauer

76. Was ist in meiner Datenschutzerklärung anzugeben, wenn nicht absehbar ist, wie lange die Daten des Nutzers vom Kontaktformular gespeichert werden?

Kannst du keinen festen Zeitraum nennen, solltest du wenigstens versuchen, Kriterien für die Speicherdauer festzulegen, z. B. dies abhängig vom Umfang und Art der Anfrage zu machen und auch deine Bearbeitungsdauer für eine Antwort zu berücksichtigen. Wir zeigen dir in unserem Muster, dass auch wir keine feste Frist nennen, sondern darauf abstellen, wie lange es dauert, die Anfrage zu beantworten.

Kategorie: Information

#Bewerbungsformular

77. Wie kann ich ein Formular für Bewerbungen gestalten, sodass Interessenten ihre Bewerbungsunterlagen elektronisch einreichen können?

Du musst zunächst über den Zweck (Bewerbung) informieren und angeben, wie lange die Daten hierfür gespeichert werden. Wenn du die Unterlagen längere Zeit aufbewahren möchtest, z. B. weil du möglicherweise in zwei Jahren nochmal auf alte Bewerbungen zugreifen willst, dann hole dir hierzu vorab eine Einwilligung vom Bewerber ein, also idealerweise bevor dieser die Bewerbung abgeschickt hat.

Darüber hinaus musst du natürlich für die Sicherheit bei der Übertragung der Bewerbungsunterlagen sorgen. Bei Bewerbungen ist davon auszugehen, dass diese durchaus sensible Informationen enthalten können, z. B. Religionszugehörigkeit. Berücksichtige daher, dass du neben HTTPS auch eine Inhaltsverschlüsselung dafür anbieten musst.

Kategorie: Information

#Auftragsverarbeitung

78. Was muss ich beachten, wenn ein Dienstleister für die Verwaltung der Kontaktanfragen eingesetzt wird und dieser die Anfragen der Website an mich weiterleitet?

Bei kleineren Websites ist das sicher nicht erforderlich, da dort das geringe Aufkommen von Anfragen eigenständig verwaltet werden kann. Falls du doch auf einen Dienstleister zurückgreifst, benötigst du einerseits einen Vertrag über die Auftragsverarbeitung mit dem Dienstleister. Anderseits musst du in der Datenschutzerklärung auf diese Verarbeitung hinweisen. Hierzu muss nicht zwingend der Dienstleister namentlich genannt werden. Es reicht aus, wenn du schreibst, dass du „zur Bearbeitung der Anfrage einen Dienstleister“ eingesetzt hast. Werden die Daten in ein Drittland, z. B. die USA, übermittelt, musst du das ebenfalls angeben und das Land benennen.

Kategorie: Information
Fundort: Art. 28 DSGVO

#Auftragsverarbeitung

79. Was muss denn so ein Auftragsverarbeitungsvertrag enthalten?

Welche Elemente ein solcher Vertrag beinhalten muss, gibt die DSGVO in Art. 28 vor. Enthalten sein muss demnach u. a.:

- Gegenstand und Dauer des Auftrags
- Details zum Auftragsinhalt
- Art der Daten
- Kategorien der betroffenen Personen (z. B. Kunden)
- Technische und organisatorische Maßnahmen
- Information zur Berichtigung, Einschränkung und Löschung von Daten
- Sonstige Pflichten des Auftragnehmers

- Unterauftragsverhältnisse
- Kontrollrechte des Auftraggebers
- Mitteilung bei Verstößen des Auftragsnehmers
- Weisungsbefugnis des Auftraggebers

Kategorie: Recht
Fundort: Art. 28 DSGVO

#Betroffenenrechte

80. Welche Betroffenenrechte muss ich beim Kontaktformular besonders berücksichtigen?

Üblicherweise kann der Nutzer von dir die Löschung und die Berichtigung seiner Daten verlangen. Er kann aber auch der weiteren Verarbeitung widersprechen bzw. seine Einwilligung widerrufen. Dann ist die weitere Verarbeitung seiner Daten grundsätzlich nicht mehr gestattet. Etwas anderes gilt nur, wenn du seine Daten benötigst, um gesetzliche Pflichten zu erfüllen, z. B. die Aufbewahrungsfristen einhalten musst.

Der häufigste Fall in der Praxis ist die Anfrage eines betroffenen Nutzers, der Auskunft über seine Daten verlangt. In diesem Fall hast du also auch die Daten, die im Zusammenhang mit seiner Anfrage über das Kontaktformular genutzt werden, mit in deine Antwort an ihn aufzunehmen. Denke dabei daran, dass du eine Monatsfrist hast, in der du antworten musst.

Sollte der Nutzer die Löschung seiner Daten wünschen und es bislang lediglich zu einem losen Kontakt gekommen sein,

d. h. dass kein nachfolgender Kauf getätigt wurde oder andere Daten verarbeitet wurden, die gesetzlichen Aufbewahrungsfristen unterliegen, musst du die Daten löschen.

Kategorie: Nutzer

#ePrivacy-VO

81. Ändert die ePrivacy-VO etwas an meinem Kontaktformular?

Wir können dich beruhigen: Hier wird es keine wesentlichen Änderungen geben. Die Entwürfe zur ePrivacy-VO enthalten Vorschriften, nach denen die Kommunikationsdaten, also sowohl Nachrichteninhalte als auch Metadaten, zu schützen sind. Bietest du ein Kontaktformular an, bist du kein Betreiber eines Kommunikationsdienstes, sondern in der Regel der Empfänger von Nachrichten und somit Kommunikationspartner.

Das Gute daran ist: Du bist ausnahmsweise nicht der, der neue Pflichten beachten muss, sondern profitierst selbst von den Regelungen zur ePrivacy-VO. Als Empfänger von Nachrichten gehörst du nämlich zum geschützten Personenkreis. Verwendest du beispielsweise ein Kontaktformular eines Drittanbieters, das du auf deiner Website implementierst, kannst du darauf vertrauen, dass der Drittanbieter die Nachrichten deiner Nutzer vertraulich behandelt (weil er sich an die Vorgaben der ePrivacy-VO halten muss). Das ist für dich sicher wichtig, denn Anfragen von Nutzern können ja auch Informationen enthalten, die Rückschlüsse auf deinen Betreib bzw. deine Geschäfte geben.

Kategorie: Recht

Checkliste: **Kontaktformular**

✓ Recht

- ○ Nur bei sensiblen Daten eine Einwilligung für die Verarbeitung im Kontaktformular einholen
- ○ Bei der Auswahl von Pflichtangaben im Formular den Grundsatz der Datensparsamkeit befolgen
- ○ Bei angedachter Zweckänderung der Datenverarbeitung vorsichtshalber eine Einwilligung einholen
- ○ Den Auftragsverarbeitungsvertrag bei Dienstleister-Einsatz nicht vergessen

✓ Information

- ○ In der Datenschutzerklärung auf die Datenverarbeitung des Kontaktformulars hinweisen
- ○ Die Speicherdauer der Daten des Kontaktformulars in der Datenschutzerklärung begründen
- ○ Bei Dienstleister-Einsatz in der Datenschutzerklärung entsprechend informieren

✓ Nutzer

- ○ Die Auskunftsersuchen der User innerhalb eines Monats beantworten
- ○ Mögliche Fristverlängerungen von Antworten zum Auskunftsersuchen begründen und rechtzeitig dem Nutzer kommunizieren

- ○ Die Auskunftsersuchen stets in einer für den Nutzer verständlichen und einfachen Form beantworten

✓ Sicherheit

- ○ HTTPS (Transportsicherheit) für das Formular bzw. die Website richtig einsetzen
- ○ Bei sensiblen Daten zusätzlich auch Inhaltsverschlüsselung anbieten (Ende-zu-Ende-Verschlüsselung)

3

Analytics vs. Tracking

Analytics vs. Tracking

Analytics vs. Tracking

3. Analytics vs. Tracking

Mikes Story

Mike ist glücklich, da die Website von biosphere4yourLIFE nun langsam Kontur annimmt. Sicherlich erreicht er damit viel mehr User als zuvor. Doch woher weiß er das eigentlich? Mike möchte herausfinden, wie die neue Website angenommen wird und wie sich ein User tatsächlich durch die Website bewegt. Dazu gehört es natürlich auch zu wissen, woher ein User kommt (Land, Region), welches Endgerät er nutzt oder wie lange er auf seiner Website bleibt. Der Geschäftsführer will sicher wissen, welche Produkte besonders häufig aufgerufen werden.

Mike ist nun auf der Suche nach einem passenden Tool, das seinen Anforderungen genügt. Schnell stellt er fest, dass es zahlreiche Anbieter solcher Dienste gibt, die im Internet meist unter den Begriffen „Tracking“, „Reichweitenmessung“ oder auch „Analytics“ zu finden sind. Auf einer Übersichtsseite findet er einige der Bekanntesten der Branche: Google Analytics, Webtrekk und Matomo (ehemals Piwik). Mike fragt sich, was zu beachten ist, wenn er eines dieser Analyse-Tools auf seiner Website einbinden möchte. Er bittet sein Team der Datenschutzexperten um Unterstützung.

#Tracking

82. Gibt es datenschutzrechtlich einen Unterschied zwischen Tracking, Analytics und Reichweitemessung?

Ja, es gibt einen Unterschied, auch wenn keiner dieser Begriffe in der DSGVO tatsächlich definiert oder namentlich erwähnt wird. Die Begriffe werden jedoch seit langem von den Datenschutzaufsichtsbehörden in der EU verwendet. Wichtig ist für dich zu wissen, dass die rechtlichen Anforderungen je nach Verfahren – durchaus gravierend – variieren: Grundsätzlich unterscheidet man zwischen Tracking und Analytics (Reichweitenmessung ist dem Begriff Analytics gleichzusetzen und nur im deutschsprachigen Raum als adäquater deutscher Begriff bekannt):

- Unter Analytics versteht man Verfahren, um statistisch die Reichweite eines Online-Dienstes zu messen. Hierzu zählen Angaben wie Verweildauer der Nutzer, verwendetes Gerät, Betriebssystem, Spracheinstellungen, Herkunft, Region, Standort oder Nutzeraktionen (z. B. wie oft wurde ein Video angesehen oder ein Newsletter abonniert). Es handelt sich somit lediglich um eine statistische Auswertung auf der eigenen Website.
- Unter Tracking versteht man dagegen alle Verfahren, die einen Nutzer identifizieren und dessen Nutzungsverhalten über einen längeren Zeitraum auswerten, um anschließend dem Nutzer persönliche Merkmale oder Interessen zuzuordnen (Profiling). Bevorzugt verwendet wird Tracking für Werbezwecke mit dem Ziel, dem Nutzer möglichst personalisierte Werbung zu zeigen oder Preise individueller zu gestalten. Tracking ist somit

deutlich mehr als eine reine Statistikauswertung wie bei Analytics.

Kategorie: Recht

#ePrivacy-VO

83. Wird es auch nach der ePrivacy-VO die Unterscheidung zwischen Analytics und Tracking geben?

Ja. Die Entwürfe zur ePrivacy-VO enthalten auch Regelungen zu Analytics-Tools. Noch ist aber offen, ob und unter welchen Voraussetzungen diese zulässig sind und welche Abgrenzungskriterien zum Tracking gelten.

Kategorie: Recht

#Analytics

84. Muss ich von jedem Nutzer vorab eine Einwilligung einholen, wenn auf meiner Website ein Analytics-Tool genutzt wird?

Nein, grundsätzlich muss der Nutzer keine Einwilligung abgeben. Voraussetzung ist aber, dass du tatsächlich ein Tool verwendest, mit dem nur statistische Analysen betrieben werden und nicht Tracking. Als Verantwortlicher kannst du dann deine Datenverarbeitung auf Art. 6 Abs. 1 lit. f) DSGVO stützen, da du ein berechtigtes Interesse daran hast, deine Website bedarfsgerecht zu gestalten. Hierzu gehört es eben auch zu wissen, woher deine Nutzer kommen (Sprache), welche Endgeräte sie nutzen (Darstellung) oder welche Artikel, Videos oder sonstige Elemente besonders häufig genutzt werden.

Kategorie: Recht
Fundort: Art. 6 Abs. 1 lit. f) DSGVO

#Analytics

85. Welche Anforderungen muss ein Analytics-Tool erfüllen, damit ich es auf meiner Website einsetzen darf?

Die Datenverarbeitung durch das Analytics-Tool kannst du nur auf Art. 6 Abs. 1 lit. f) DSGVO stützen, wenn folgende Bedingungen erfüllt sind:

- Es erfolgt keine Verknüpfung der Nutzungsdaten mit Stammdaten bzw. Registrierungsdaten des einzelnen Nutzers
- Der Zweck ist nur die statistische Analyse
- Die Nutzungsdaten durch den (Software-)Anbieter des Analytics-Tools werden nicht für dessen eigene Zwecke verwendet
- Die Speicherdauer ist definiert und begrenzt
- Der Detaillierungsgrad der Nutzungsdaten ist gering ist und es erfolgt keine Profilbildung, bei der dem Nutzer Merkmale oder Interessen zugeordnet werden
- Eine Widerspruchsmöglichkeit für den Nutzer steht zur Verfügung (Opt-Out-Verfahren)

Liegt auch nur eines dieser Kriterien nicht vor, so musst du vorab eine Einwilligung des Nutzers einholen.

Kategorie: Recht
Fundort: Art. 6 Abs. 1 lit. f) DSGVO

#Tracking

86. Ist Webtracking dann überhaupt noch zulässig, wenn bereits bei Analytics solch strenge Vorgaben bestehen?

Ja, auch nach der DSGVO ist Tracking im Web noch zulässig. Du musst aber vorher von jedem Nutzer immer eine Einwilligung dafür einholen. Die rechtliche Grundlage für die Datenverarbeitung unterscheidet sich also zum Analytics-Verfahren, da sich der Zweck und die Datenverarbeitung schließlich unterscheiden.

Kategorie: Recht

#Tracking

87. Wie muss ich eine Einwilligung zum Tracking einholen?

Bei datenschutzrechtlichen Einwilligungen gelten immer die gleichen Grundsätze: Eine Einwilligung ist nur wirksam, wenn sie informiert erfolgt, der Nutzer sie freiwillig abgegeben hat und die Erklärung durch eine aktive Handlung des Nutzers erfolgt.

In der Praxis hat sich das bewährt, was wir dir schon vorher zum Thema Einwilligung für sensible Formulare in unserer Antwort zu den Kontaktformularen erläutert haben: Um den Nutzer nicht mit umfangreichen Informationen zu überfordern, solltest du im Einwilligungstext nur die wesentlichen Informationen benennen (Beschreibung des Trackingverfahrens, Verarbeitungszweck, Speicherdauer, Betroffenenrechte). Den Einwilligungstext zum Tracking platzierst du auf deiner Website idealerweise als eine Art „Banner“, der dem Nutzer bei erstmaligen Aufruf deiner Website angezeigt wird, unabhängig davon, ob die Startseite oder eine Unterseite aufgerufen wird. Umfangreiche Informationen über die Verarbeitung können wieder durch einen Link auf die vollständige Datenschutzerklärung gegeben werden.

Tipp! Du kannst dich darauf verlassen: Als aktive Handlung des Nutzers genügt das aktive Anklicken einer Checkbox in deinem Consent-Banner.

Kategorie: Recht
Fundort: Art. 6 Abs. 1 lit. a) DSGVO

#Google Analytics

88. Muss ich für Google Analytics (Universal Analytics) eine Einwilligung einholen?

Ja, da durch Google Analytics eine umfangreiche Profilbildung erfolgt und Google die Daten für weitere Zwecke nutzt. Das kannst du selbst jederzeit in den offiziellen Datenschutzbestimmungen zu Google Analytics nachlesen. Google Analytics ist also nicht, wie der Name vermuten lässt, ein reines Analytics-Werkzeug, sondern ermöglicht ein gezieltes Nutzertracking, weshalb für dich bei Einsatz dieses Tools die Einwilligung des Nutzers erforderlich ist. Dieses Tracking benennt Google wie viele andere Großkonzerne im Social Media-Bereich relativ eindeutig in den eigenen Nutzungsbedingungen und schiebt „den schwarzen Peter" somit dir als Website-Betreiber zu, d. h. du (und nicht etwa Google) musst die Einwilligung des Nutzers dafür einholen.

Kategorie: Recht

#Matomo

89. Muss ich für Matomo (Piwik) eine Einwilligung einholen?

Das wollen wir nicht pauschal mit „Ja“ oder „Nein“ beantworten, da dies vom konkreten Produkt abhängt. Matomo bietet eine Basis-Version für eine Installation auf deinem eigenen Server an, die nur für Analytics-Zwecke verwendet werden kann. Diese wäre also ohne Einwilligung des Nutzers von dir einsetzbar. Anders sieht es aus, wenn doch ein erweiterter Funktionsumfang genutzt wird: Hier kommst du um eine Einwilligung nicht herum.

Kategorie: Recht

#Webtrekk

90. Muss ich für Webtrekk eine Einwilligung einholen?

Wie bei Matomo kommt es auf das konkrete Produkt an. Werden Nutzungsdaten zusammengeführt, z. B. beim Cross-Device-Tracking (also der Nachverfolgung eines Nutzers über mehrere von ihm verwendeten Endgeräten), so ist eine Einwilligung nötig. Du musst dich also vorab gut auf der Website des Anbieters informieren und prüfen, welche Version für dich geeignet ist. Anschließend kannst du mit den von uns genannten Kriterien feststellen, ob du eine Einwilligung des Nutzers dafür benötigst oder nicht.

Kategorie: Recht

#Analytics

91. Wie lange darf ich die Daten speichern, die ich vom Nutzer für Analytics-Zwecke verarbeite?

Häufig kannst du als Website-Betreiber die Speicherdauer selbst festlegen. Hierbei muss unterschieden werden zwischen den Nutzungsdaten und den sich daraus ergebenen statistischen Ergebnissen.

Die Nutzungsdaten müssen schnellstmöglich von dir anonymisiert werden. Für eine längerfristige Speicherung besteht häufig kein Bedarf, da es dir ja gerade nur auf die statistische Analyse ankommt und nicht um die Erfassung eines einzelnen Nutzers.

Die statistischen Angaben können von dir dagegen verarbeitet werden, solange dies nötig ist. Bedingung dafür ist, dass es sich um aggregierte Daten und somit um anonyme Daten handelt.

Kategorie: Recht

#Auftragsverarbeitung

92. Benötige ich einen besonderen Vertrag mit dem Dienstleister beim Einsatz von Analytics- oder Trackingtools?

Ja. In der Regel handelt es sich um ein Auftragsverarbeitungsverhältnis, sodass ein Vertrag über eine Auftragsverarbeitung abgeschlossen werden muss. Dies ist unabhängig davon, ob du ein Werkzeug für Analytics oder für Tracking auf deiner Website einsetzt.

Kategorie: Recht

#Auftragsverarbeitungsvertrag

93. Woher bekomme ich einen solchen Auftragsverarbeitungsvertrag?

Die Dienstleister, die dir ihre Analytics- und Tracking-Produkte anbieten, stellen den Auftragsverarbeitungsvertrag häufig online im Benutzerkonto zur Verfügung. Dort kann er heruntergeladen, gelesen und abgeschlossen werden.

Kategorie: Recht

#Privacy-Shield

94. Besteht ein Problem für mich, wenn ich auf einen Tool-Dienstleister zurückgreife, der in den USA niedergelassen ist?

Nein, da viele Dienstleister eine sogenannte Privacy-Shield-Zertifizierung besitzen. Dazu gehören nicht nur die ganz Großen wie Google, WhatsApp, Facebook und Adobe, sondern eben auch hunderte kleinere Firmen. Das Privacy Shield ist eine Regelung zwischen der EU und den USA zum Austausch von personenbezogenen Daten. Eine Datenübermittlung in die USA ist dadurch für dich kein Problem, sofern der von dir ausgewählte Anbieter über eine Privacy-Shield-Zertifizierung verfügt.

Tipp! Auf der offiziellen Liste www.privacyshield.gov/list findest du alle zertifizierten Unternehmen.

Kategorie: Recht

#Privacy-Shield

95. Kann ich einen Tool-Dienstleister verwenden, der außerhalb der EU und nicht in den USA niedergelassen ist?

Natürlich kannst du auch solche Dienstleister nutzen. Du musst aber dann weitere Voraussetzungen für die Übermittlung in ein Drittland erfüllen. Hier wird es auch schon etwas komplizierter: Du benötigst eine Angemessenheitsentscheidung der EU-Kommission oder sonstige „Garantien", die sicherstellen, dass das Datenschutzniveau in dem Drittland vergleichbar ist mit dem in der EU. Weil das zum einen in der Praxis kompliziert ist und zum anderen der Dienstleister außerhalb der EU und den USA diese Anforderungen kaum realisieren wird, raten wir dir von einem Einsatz eines solchen Tools ab.

Kategorie: Recht

#Datenschutzerklärung

96. Muss ich den konkreten Analytics-Dienst nennen, den ich einsetze, oder reicht es aus, wenn ich angebe, dass Tools zur Reichweitenmessung auf der Website verwendet werden?

Du musst das konkrete Tool namentlich benennen. Nur so weiß der Nutzer, welche Datenverarbeitung auf der Website wirklich stattfindet und kann ggf. sein Recht auf Widerspruch geltend machen. Entsprechend weist du in deiner Datenschutzerklärung ausführlich auf das eingesetzte Werkzeug hin.

Kategorie: Information

#Datenschutzerklärung

97. Wie präzise muss ich den Zweck des Tools benennen?

Der Zweck muss präzise von dir benannt werden, damit letztendlich auch klar wird, ob es sich um Analytics oder Tracking handelt. Präzise bedeutet aber nicht automatisch lang – ausreichend wäre beispielsweise folgender knapper Hinweistext: „Wir setzen das Tool [xy] ein, um die Reichweite unseres Dienstes zu messen und zu optimieren." Mehr dazu findest du in unserem Muster.

Kategorie: Information

#Datenschutzerklärung

98. Habe ich beim Einsatz mehrerer Dienste alle einzeln in der Datenschutzerklärung zu benennen?

Ja, es muss jeder Dienst einzeln genannt werden. Es macht also – rein datenschutzrechtlich – keinen Unterschied, ob du ein, drei oder zehn Tools einsetzt. Verschiedene Tools können tatsächlich ihre Daseinsberechtigung haben und sich gegenseitig ergänzen.

Tipp! Bedenke, dass dabei für dich der Administrationsaufwand wächst, insbesondere wenn es beispielsweise darum geht, Updates einzuspielen. Vielleicht ist es doch besser, bei der Wahl der Tools auf Qualität und nicht auf Quantität zu setzen.

Kategorie: Information
Fundort: Art. 13 DSGVO

#Datenschutzerklärung

99. Kann ich nicht einfach auf die jeweilige Datenschutzerklärung des einzelnen Tools bzw. Anbieters verweisen?

Nein, eine Verlinkung auf fremde Websites ist nicht ausreichend. In deiner eigenen Datenschutzerklärung müssen für jeden Dienst sämtliche Anforderungen gem. Art. 13 DSGVO erfüllt sein. Befolgst du das nicht, begibst du dich in einen gefährlichen Bereich: Jedermann könnte öffentlich einsehen, dass deine Datenschutzerklärung fehlerhaft ist. Das könnte neben Beschwerden der Nutzer auch eine formelle Prüfung der Aufsichtsbehörde nach sich ziehen. Denke immer daran: Viele Datenschutzverstöße sind seit der DSGVO bußgeldbewehrt.

Doch ist der Aufwand für dich hierbei zum Glück nicht allzu hoch: Häufig bieten die Dienstleister vorgefertigte Muster für Passagen in der Datenschutzerklärung an, die du meist ohne weitere Anpassungen verwendet werden kannst.

Kategorie: Information

#Betroffenenrechte

100. Welche Betroffenenrechte muss ich beim Einsatz von Analytics-Tools berücksichtigen?

In jedem Fall musst du dem Nutzer ein Opt-Out-Verfahren zur Verfügung stellen, damit er der statistischen Auswertung seiner Daten widersprechen kann. Das Opt-Out-Verfahren sollte möglichst einfach in der Datenschutzerklärung zu finden sein. Stellt der Dienstleister ein Opt-Out zur Verfügung, das für den Nutzer praktikabel ist und den datenschutzrechtlichen Anforderungen genügt, darf ausnahmsweise hierauf verlinkt werden.

Kategorie: Nutzer

#Opt-Out

101. Reicht ein Verweis von mir auf Websites von Drittanbietern aus (wie z. B. youronlinechoices.eu)?

Nein, beim Verweis auf Websites von Drittanbietern (also nicht auf die von Tool-Anbietern selbst) handelt es sich um kein zulässiges Opt-Out-Verfahren für dich. Häufig werden bei solchen Websites trotz Opt-Out des Nutzers weiterhin Nutzungsdaten erhoben, ob bewusst oder unbewusst. Außerdem enthalten die Websites der Drittanbieter meist JavaScript-Funktionen, die wiederum das Nutzungsverhalten erfassen (Tracking). Daher unsere Empfehlung für dich: Verwende ein Opt-Out-Verfahren auf deiner eigenen Website.

Kategorie: Nutzer

#Opt-Out

102. Was muss ich beachten, wenn ich selbst ein Opt-Out-Verfahren programmieren möchte?

Willst du selbst ein geeignetes Opt-Out-Verfahren für den Analytics-Einsatz auf deiner Website entwerfen, solltest du folgendes beachten:

- Wird ein Opt-Out-Cookie von dir gesetzt, so sollte es sich um ein dauerhaftes HTML5-Storage-Objekt mit einer unbegrenzten Gültigkeitsdauer handeln

(damit der Widerspruch dauerhaft bestehen bleibt)

- Session-Cookies oder sonstige HTML-Cookies mit einer kurzen Gültigkeitsdauer erfüllen nicht die gesetzlichen Anforderungen (da der Nutzer ansonsten ja irgendwann wieder in die statistische Auswertung mitaufgenommen werden würde)
- Wird ein Opt-Out-Cookie gesetzt, so ist der weitere Datenverkehr zwischen Nutzer und Dienstleister vollständig zu unterbinden – erfolgt dennoch ein Aufruf, und sei es nur die Information, dass der Nutzer nicht am Analytics-Verfahren teilnehmen möchte, so erfüllt das Opt-Out-Verfahren nicht die gesetzlichen Anforderungen

Übrigens: Löscht der Nutzer seine Cookies im Browser, muss er selbst aktiv werden und das Opt-Out-Cookie durch den erneuten Widerspruch wieder setzen. Das befindet sich also außerhalb deiner Verantwortungssphäre als Website-Betreiber.

Kategorie: Nutzer

#Opt-Out

103. Wie muss ich die Widerspruchsmöglichkeit (Opt-Out) für den Nutzer beschreiben?

Du musst dem User nicht erklären, wie genau dein Opt-Out-Verfahren technisch funktioniert. Es reicht, wenn du ihn darauf hinweist, dass er jederzeit über das Opt-Out-Verfahren dem Tracking widersprechen kann und dass danach kein weiteres Tracking erfolgt. Anschließend kannst du z. B. einen Opt-Out-Link einbinden. Achte darauf, dass du das für jeden Tracking-Dienst extra machst und der User jederzeit frei entscheiden kann, für welchen Dienst er widersprechen will. Setzt du z. B. sieben verschiedene Tracker ein, musst du auch sieben verschiedene Opt-Out-Verfahren anbieten. Fehlt auch nur eines, liegt ein Datenschutzverstoß vor.

Kategorie: Information

#IP-Adressen

104. Wie lange darf ich IP-Adressen der Nutzer aufbewahren?

Das kommt darauf an, was du damit machen willst. Grundsätzlich bringt die IP-Adresse alleine betrachtet mit einem Zeitstempel nicht sehr viel für dich, da eine Rückführung auf einzelne Personen zumindest nach einiger Zeit nicht mehr möglich ist – auch wenn die IP-Adresse als personenbezogenes Datum anzusehen ist. Allein den Anschlussinhaber ausfindig zu machen, ist schon schwierig, weil die Internetprovider die Verbindungsdaten nicht ewig aufbewahren und man als Website-Betreiber mit gewöhnlichen Mitteln selbst nicht an die dortige Zuordnung IP-Adresse zu Anschlussinhaber herankommt – das geht nur über die Staatsanwaltschaft, wenn der Verdacht einer Straftat besteht (z. B. wegen illegalem File-Sharing).

Wir werden dir später etwas zum Thema Sicherheit erzählen. Dann wirst du feststellen, dass manche Daten, auch die IP-Adresse, zumindest eine Zeit lang von dir gespeichert werden müssen, um Cyberattacken oder widerrechtliche Nutzungsvorgänge nachvollziehen zu können (u. a. Log-Files).

Im Bereich Analytics und Tracking erkennen wir jedoch keine Notwendigkeit, die IP-Adressen der Nutzer lange Zeit aufzubewahren. Die meisten Tools unterstützen daher eine Kürzung der IP-Adressen, so dass der Personenbezug verloren geht und du datenschutzrechtlich frei bist. Wenn du kürzen bzw. anonymisieren kannst, dann nutze die Möglichkeit – ansonsten lösche die IP-Adresse aus deinem Statistikpool möglichst zeitnah, z. B. nach sieben Tagen.

Kategorie: Recht

#IP-Adressen

105. Ist eine Anonymisierung von IP-Adressen durch eine Kürzung technisch überhaupt möglich und verpflichtend?

Ja. Mit den IP-Adressen kannst du, wie erwähnt, sowieso relativ wenig anfangen. Was aber geht, ist eine sogenannte Geolokalisierung, d. h. eine Ortsbestimmung des Nutzers.

Tatsächlich ist es nun so, dass eine Positionsbestimmung auch sehr gut möglich ist, wenn die IP-Adresse anonymisiert, also um bestimmte Stellen gekürzt wird. Bei IPv4-Adressen funktioniert das sehr gut: Anstelle von 195.200.71.157 wird durch Löschung des letzten Teils die Adresse 195.200.71.0 verwendet, um die Lokalisierung durchzuführen. Die Genauigkeit der Positionsbestimmung ist dabei noch ausreichend gut für dein Analytics-Verfahren und der Nutzer ist nicht mehr mit seiner IP-Adresse in deinem Statistikdatensatz.

Bei IPv6-Adressen hat sich bislang noch kein festes Anonymisierungsverfahren durchgesetzt. Zur effektiven,

d. h. wirkungsvollen Anonymisierung sollten nach derzeitigem Kenntnisstand die unteren 88 bis 96 Bit jeder IPv6-Adresse des Nutzers gelöscht werden.

Insbesondere von den Aufsichtsbehörden wird empfohlen, die IP-Adresse zu kürzen. Wir sind zwar der Meinung, dass das in Wirklichkeit unnötig ist, weil du weder mit der gekürzten noch mit der vollständigen dynamischen IP-Adresse der Nutzer längerfristig etwas „anstellen" kannst, denken aber, dass der Aufwand hierfür so gering ist, dass es problemlos von dir durchgeführt werden kann. Unser Motto: „Gibt es von den Aufsichtsbehörden Vorgaben, solltest du versuchen, diese zu berücksichtigen".

Kürzt du die IP-Adresse des Nutzers um das letzte Oktett, ist die IPv4-Adresse derart verfremdet, dass eine Zuordnung zu einer bestimmten Person nicht mehr möglich ist. Die IP-Adresse wurde also anonymisiert. Mit dem verbleibenden Rest der gekürzten IP-Adresse kannst du verfahren wie du möchtest. Du bist dann nicht mehr an die datenschutzrechtlichen Vorschriften gebunden, da die gekürzte IP-Adresse kein personenbezogenes Datum mehr ist.

Tipp! Die Kürzung der IP-Adresse kannst du ganz leicht über einen Job in deiner Datenbank, z. B. mit einem SQL-Skript, vornehmen.

Kategorie: Sicherheit

#Cross-Device-Tracking

106. Darf ich die Nutzer geräteübergreifend (Cross-Device) tracken?

Ja, aber auch nur nach vorheriger Einwilligung. Wird der User geräteübergreifend getrackt, wird das Nutzungsprofil umfassender und präziser. Dadurch wird er in seinen Grundrechten letztendlich noch tiefgreifender beeinträchtigt. Folglich geht das geräteübergreifende Tracking nur nach ausdrücklicher Einwilligung. Zwar brauchst du auch für das „normale" Tracking eine Einwilligung, jedoch musst du beim Cross-Device-Tracking den Nutzer verständlich informieren, damit er auch weiß, in was er einwilligt.

Kategorie: Recht

#Eigene Software

107. Ist es möglich, anstelle eines externen Dienstes wie Google Analytics auch Software auf dem eigenen Webserver einzusetzen?

Ja, diese Möglichkeit bieten zwar nicht alle Analytics- und Tracking-Dienste, weil die Daten für die Anbieter selbst auch wertvoll sind (z. B. bei Google Analytics). Wenn der Dienstleister jedoch die Installation und den Betrieb auf deinem eigenen Webserver anbietet, solltest du diese Variante bevorzugen (z. B. bei Matomo und etracker möglich).

Kategorie: Sicherheit

#Tracking

108. Spielt es im Vertragsverhältnis eine Rolle, ob ein externer Tracking-Dienst von mir verwendet wird oder ich Software auf den eigenen Webserver einsetze?

Ja. Setzt du die Software auf dem eigenen Webserver ein und hat der Anbieter des Tracking-Dienstes keinen Zugriff auf die User-Daten, d. h. fließen wirklich keine Daten zwischen dem Nutzer und dem Anbieter, benötigst du keinen Vertrag über eine Auftragsverarbeitung.

Kategorie: Recht

#Gemeinsam verantwortlich

109. Was sind „gemeinsam Verantwortliche"?

Die DSGVO unterscheidet zwischen mehreren Akteuren. Du hast bereits den Verantwortlichen, den Auftragsverarbeiter und den Dritten im Grundlagenteil kennengelernt. Beim Verantwortlichen gibt es noch eine Besonderheit, die vor allem im Online-Bereich große Bedeutung hat: Für den Fall, dass zwei oder mehr Verantwortliche gemeinsam die Zwecke und Mittel zur Verarbeitung festlegen, handelt es sich um „gemeinsam Verantwortliche" gemäß Art. 26 Abs. 1 DSGVO.

Der Europäische Gerichtshof (EuGH) hat in einem Urteil vom 05.06.2018 entschieden, dass eine gemeinsame Verantwortlichkeit z. B. zwischen Facebook-Fanpage-Betreibern und Facebook besteht. Der EuGH hat dies damit begründet, dass der Fanpage-Betreiber (z. B. ein Unternehmen), Facebook-Mitglieder sowie Nicht-Facebook-Mitglieder auf das Social Network lockt und dadurch die umfangreiche Datenverarbeitung durch Facebook veranlasst. Dabei spielt es keine Rolle, dass der Fanpage-Betreiber überhaupt keine Möglichkeit hat, mit Facebook in Kontakt zu treten und über die Datenverarbeitungsprozesse zu entscheiden. Irrelevant ist auch, dass der Fanpage-Betreiber überhaupt keinen Zugriff auf die Daten der Fanpage-Besucher hat. Für den EuGH war ausreichend, dass der Fanpage-Betreiber über eine Statistik („Facebook-Insight") sehen kann, wie viele Nutzer die Fanpage besuchen, welches durchschnittliche Alter sie haben und woher sie vermutlich kommen. Die EuGH-Entscheidung hat weitreichende Konsequenzen: Legt man diese geringen Hürden als Maßstab an vergleichbare Szenarien an, wäre nahezu jede Einbindung von Drittanbietern oder Tracking-Tools zu einer gemeinsamen Verantwortlichkeit führen.

Kategorie: Recht
Fundort: Art. 26 DSGVO

#Gemeinsam verantwortlich

110. Welche Besonderheiten sind bei der gemeinsamen Verantwortlichkeit zu beachten?

Kommt man zum Ergebnis, dass eine gemeinsame Verantwortlichkeit besteht, gibt es nach der DSGVO einige Pflichten zu beachten. Unter anderem müssen die gemeinsamen Verantwortlichen einen Vertrag abschließen, in dem sie festlegen, wer welche Verpflichtungen der DSGVO erfüllt. Dazu gehören insbesondere Regelungen, wer die Betroffenenrechte gewährleistet, die Informationspflichten umsetzt sowie zu welchen Zwecken und auf welcher Rechtsgrundlage die personenbezogenen Daten gemeinsam verarbeitet werden. Die wesentlichen Aspekte des Vertrags, also eine kurze Zusammenfassung der Vereinbarung, muss außerdem den Betroffenen zur Verfügung gestellt werden.

In der Praxis hat die gemeinsame Verantwortlichkeit folgende Konsequenzen: Betroffene können ihre Rechte gegenüber jedem einzelnen der Verantwortlichen geltend machen. Selbst wenn du keinen Zugang zu den Daten hast, wie im Fall der Facebook-Fanpages, kann sich der Betroffene an dich wenden und Auskunft, Löschung oder sonstiges verlangen. Kommst du dieser Anfrage nicht nach, verstößt du gegen die DSGVO.

Du siehst, eine gemeinsame Verantwortlichkeit hat gravierende Folgen. Derzeit ist noch völlig unklar, bei welchen Szenarien im Online-Bereich eine gemeinsame Verantwortlichkeit besteht, z. B. womöglich nicht nur bei Fanpages, sondern auch bei der Einbindung von Tracking-Tools.

Kommst du oder die Aufsichtsbehörden zu dem Ergebnis, dass du gemeinsam mit dem Anbieter für Tracking verantwortlich bist, musst du Folgendes beachten:

- Schließe einen Vertrag über gemeinsame Verantwortliche ab – ähnlich wie bei den Verträgen zur Auftragsverarbeitung werden demnächst Muster, z. B. von Facebook und Google, zur Verfügung stehen, die du in der Regel auch verwenden kannst
- Prüfe, ob der andere Verantwortlich auch vertrauenswürdig ist und das Thema Datenschutz genauso wichtig behandelt wie du – denn eines musst du dir

klar sein: ihr haftet beide, egal, wer den Verstoß tatsächlich begangen hat

Tipp! Solange es hierzu noch keine klaren Leitlinien gibt, gilt für dich Folgendes: Behalte das Thema gemeinsame Verantwortlichkeit im Hinterkopf und informieren dich über den aktuellen Stand auf den Websites der Datenschutzaufsichtsbehörden. Hier wird es in absehbarer Zeit weitere wichtige Informationen geben.

Kategorie: Recht

#Widerspruchsmöglichkeit

111. Gibt es Tracking- oder Analytics-Verfahren, bei denen ich dem User keine Widerspruchsmöglichkeit anbieten muss?

In Bezug auf Tracking gilt ganz klar: Nein, der User muss in jedem Fall die Möglichkeit haben, das Tracking zu beenden bzw. die statistischen Auswertungen zu seinem Nutzungsverhalten zu stoppen.

Merke dir also: Bei Analytics musst du „nur" Opt-Out anbieten, beim Tracking benötigst du Einwilligung und Opt-Out. Und in beiden Fällen brauchst du in der Regel einen Auftragsverarbeitungsvertrag (Ausnahme nur, wenn das Tracking-Tool auf deinem Server läuft und wirklich keine Nutzerdaten zum Anbieter gelangen) sowie präzise Hinweise in deiner Datenschutzerklärung.

Kategorie: Nutzer

#Browser Fingerprinting

112. Darf ich auch Browser Fingerprinting („Device Fingerprinting") zum Tracking einsetzen?

Ja, unter bestimmten Voraussetzungen. Als Website-Betreiber wirst du es nicht leicht haben, ein simples Tracking-Tool zu nutzen, das nur über Cookies funktioniert. Zahlreiche Nutzer aktivieren in ihren Browsereinstellungen entsprechende Blockadefunktionen für Cookies, so dass dann ein Tracking über Cookies technisch nicht mehr möglich ist. Neue Verfahren wie das Browser Fingerprinting versuchen, den Nutzer anderweitig zu identifizieren, und zwar über deren digitalen Fingerabdruck: Durch Ausführung von speziellen JavaScript-Code kannst du browserindividuelle (Hintergrund-)Daten deiner Website-Besucher wie Browsername und Version, installierte Schriftarten, Plugins und User-Agent abrufen. Die große Anzahl an hierbei abgerufenen Daten können mit einem bestimmten Algorithmus aufbereitet werden, so dass letztendlich eine hohe Wahrscheinlichkeit für die Eindeutigkeit des jeweiligen Browsers besteht.

Allerdings kannst du dieses fortgeschrittene Tracking-Verfahren datenschutzrechtlich nicht ohne Weiteres verwenden. Zunächst benötigst du zwangsläufig eine Einwilligung des Nutzers, bei der du den User auch tatsächlich transparent, verständlich und korrekt über die Durchführung von Browser Fingerprinting informierst – das alleine wird schon schwierig, da die meisten Menschen solch ein Verfahren gar nicht kennen. Und dann stehst du vor der Herausforderung, ein wirksames Opt-Out zu programmieren, das im Gegensatz zu klassischen Tracking-Verfahren meist nicht vom Anbieter mitausgeliefert wird, also in deinen Händen liegt.

Folglich empfehlen wir dir, besser Abstand vom Browser Fingerprinting zu nehmen und auf die etablierten Tracking-Tools zurück zu greifen, bei denen der Aufwand für einen datenschutzkonformen Einsatz für dich deutlich geringer sein wird.

Kategorie: Sicherheit

#ePrivacy-VO

113. Welche Änderungen zum Tracking wird es durch die ePrivacy-VO geben?

Tracking gehört zu den stark umstrittenen Themen bei den Verhandlungen zur ePrivacy-VO. Das ist auch einer der Grund, weshalb sich das Gesetzgebungsverfahren verzögert und die ePrivacy-VO nicht zusammen mit der DSGVO am 25. Mai 2018 Geltung erlangte.

Gerade beim Tracking gehen die Meinungen stark auseinander. Es gibt Vertreter, die Tracking und Analytics-Dienste, also unabhängig vom Zweck, nur nach einer vorherigen Einwilligung des Nutzers zulassen wollen. Andere wiederum plädieren für ein Tracking ohne große Hürden.

Derzeit gibt es noch keine klare Tendenz, sodass auch wir keine Prognose abgeben können, was sich mit der ePrivacy-VO hier konkret ändern wird. Nur so viel steht bislang fest: Das Gesetzgebungsverfahren wird noch einige Zeit dauern. Voraussichtlich wird es auch wie bei der DSGVO eine

Umsetzungsfrist geben. Du wirst dich daher noch einige Zeit nach den „alten" Regelungen richten müssen.

Tipp! Wir empfehlen dir, regelmäßig auf den Websites der Aufsichtsbehörden nachzusehen und dich auf dem Laufenden zu halten. Die Aufsichtsbehörden werden so früh wie möglich über die neuen Anforderungen informieren und Hinweise geben, was zu tun ist. Bis dahin machst du alles richtig, wenn du unsere Hinweise zu Analytics und Tracking umsetzt.

Kategorie: Recht

Checkliste: **Analytics vs. Tracking**

Recht

- Bei Analytics-Diensten die Nutzer-Daten nur für Statistikzwecke nutzen
- Bei Tracking-Verfahren eine Einwilligung des Nutzers über das Consent-Banner einholen
- Ein geräteübergreifendes Tracking ebenfalls nur nach Einwilligung durchführen
- Bei Nutzung von Dienstleistern einen Auftragsverarbeitungsvertag abschließen

Information

- In der Datenschutzerklärung klar beschreiben, welcher Dienst für was genutzt wird

Nutzer

- Ein Opt-Out (Widerspruchsmöglichkeit) für den Nutzer anbieten
- Bei der Einwilligung auf das Recht zum Widerruf hinweisen und Widerruf auch technisch umsetzen

Sicherheit

- Die IP-Adressen des Nutzers baldmöglichst löschen oder wirksam anonymisieren
- Von Browser Fingerprinting Abstand nehmen

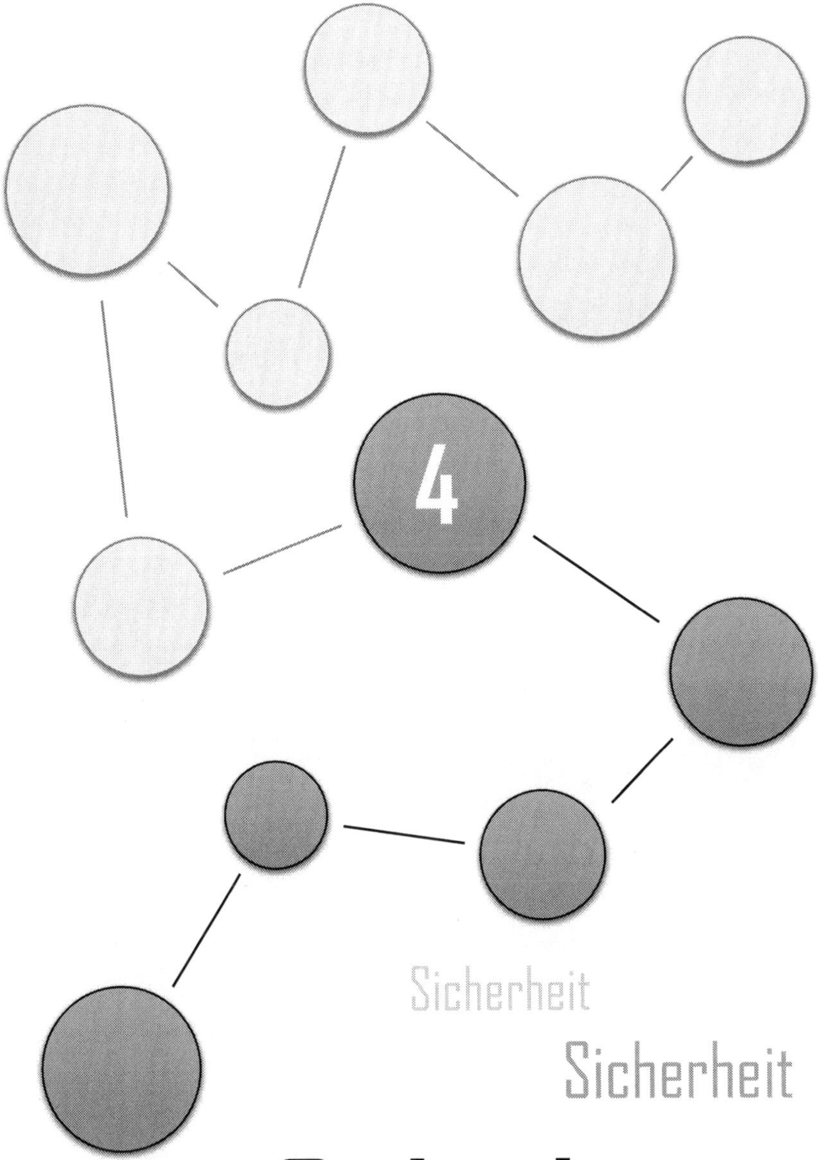

Sicherheit

Sicherheit

Sicherheit

4. Sicherheit

Mikes Story

Mike ist sichtlich zufrieden, da die Website von biosphere4yourLIFE wächst und gedeiht. Allmählich fällt ihm jedoch auf, dass er sich bisher vorrangig der Oberflächenkosmetik gewidmet hat. Gerade die neuesten Berichterstattungen in den Medien lassen ihn kurz zusammenzucken: Ist seine Website auch vor Angriffen geschützt? Was hilft es ihm, wenn er zwar eine schöne Website mit vollständiger Datenschutzerklärung hat, die Seite aber unsicher ist? Könnten womöglich Hacker seinen Server kapern und die Kundendaten klauen? Das wäre für Mike als Webmaster eine Katastrophe! Mike kommt ins Schwitzen: Er möchte nun schnellstmöglich alles Wesentliche rund um den sicheren Betrieb der Website abklären und umsetzen. Aber wo fängt er an? Was bedeutet eigentlich Sicherheit für Websites – und warum spielt das im Datenschutz eine so wichtige Rolle? Er nutzt seinen kurzen Draht zum Expertenteam und stellt zahlreiche Fragen.

#DSGVO

114. Ist die Sicherheit meiner Website eine gesetzliche Verpflichtung für mich?

In der Tat: Die DSGVO stärkt den Bereich der Sicherheitsmaßnahmen zum Schutz personenbezogener Daten. Das bedeutet für dich als Verantwortlichen, dass du eine wichtige gesetzliche Anforderung erfüllen musst, nämlich für die Sicherheit der Nutzerdaten auf deiner Website zu sorgen,

d. h. angemessene und wirksame Schutzmaßnahmen zu ergreifen. Neu an dieser Anforderung ist, dass Verstöße gegen die Sicherheit der Verarbeitung bußgeldbewehrt sind. Sicherheit ist also längst nicht mehr nur nice-to-have, sondern eine wesentliche Anforderung für alle Website-Betreiber. Aber keine Sorge, wir erklären dir, wie du mit verhältnismäßigem Aufwand das Wichtigste – auch in deinem eigenem Interesse – umsetzen kannst.

Kategorie: Recht

#DSGVO

115. Was versteht die DSGVO unter Sicherheit für meine Website?

Glücklicherweise wird in der Datenschutzwelt mittlerweile auch vermehrt die Sprache der IT-Sicherheit verwendet. In der DSGVO findest du daher die bekannten Anforderungen der Verfügbarkeit, der Vertraulichkeit, der Integrität und – neu – der Belastbarkeit der Systeme und Dienste, die im Zusammenhang mit der Datenverarbeitung stehen. Darunter fallen bei deiner Website Dienste wie eine Shop-Funktion oder ein eingebundener Videostream, aber eben auch dein Webserver bis hin zum Client, mit dem du dich auf den Server schaltest, um ihn zu konfigurieren und zu warten.

- Die Verfügbarkeit verfolgt das Ziel, dass die Nutzerdaten deiner Website – und somit deine Website an sich – jederzeit zur Verfügung stehen, es also zu keinen Ausfällen kommt
- Die Vertraulichkeit adressiert den Schutz deiner Website insbesondere vor Angriffe, um zu verhindern, dass Nutzerdaten nicht Unbefugten in die

Hände fallen

- Die Integrität soll die Unversehrtheit der Nutzerdaten sicherstellen, d. h. dass niemand Unbefugtes die persönlichen Daten der User verändern kann
- Die Belastbarkeit erfordert von deinen Systemen, dass sie stabil laufen und bei Bedarf, z. B. nach Angriffen oder ungewollten Änderungen, wieder mühelos in den stabilen Betrieb zurückzukehren

Technischer Datenschutz in der DSGVO umfasst aber noch mehr: So gibt es wichtige Anforderungen zum Datenschutz durch Technikgestaltung (Privacy by Design), zu datenschutzfreundlichen Voreinstellungen (Privacy by Default) sowie den Grundsatz der Datenminimierung. Diese sind jedoch bei Website-Betreibern nicht die primären Sicherheitsthemen, sondern eher für Systementwickler und Softwarearchitekten relevant.

Kategorie: Recht
Fundort: Art. 32 DSGVO

#Webserver

116. Was muss ich umsetzen, damit meine Website und mein Webserver die Vorgaben der DSGVO erfüllen und als sicher gelten?

Um ehrlich zu sein: Es ist eine Menge an Vorgaben von dir zu berücksichtigen. Das Gute daran ist, dass du die meisten dieser Anforderungen ohnehin im eigenen Interesse umsetzen wirst, so dass die DSGVO in manchen Bereichen lediglich das Offensichtliche als Mindeststandard vorgibt. Wir wollen dir einen Überblick der Maßnahmenbereiche geben, die du zur Sicherheit deiner Website beachten musst:

- Physikalischer Schutz des Webservers
- Sichere Umgebung der Website auf dem Server
- Strukturiertes Vorgehen und Dokumentation
- Verschlüsselungsmöglichkeiten nutzen
- Clean Code empfohlen (intuitiv verständlicher Code)
- Vorsicht bei der Einbindung von Fremdcode bei Drittinhalten
- Regelmäßige Backups
- Richtiger Umgang mit Cyberattacken
- Berechtigungsmanagement und Protokollierung
- Angrenzende Systeme absichern (u. a. Datenbank- und Mailserver)
- Regelmäßige Überprüfung der Sicherheit

Wie du siehst, ist das eine ganze Menge. Wir erklären dir die einzelnen Bereiche auf den nachfolgenden Seiten im Detail. Bei der Gelegenheit empfehlen wir dir, wenn du etwas Zeit hast, die informative und verständliche Reihe des Bundesamts für Sicherheit in der Informationstechnik (BSI) zum Thema „Sicheres Bereitstellen von Web-Angeboten" zu lesen. Diese adressiert zwar hauptsächlich die Sicherheit anstelle des Datenschutzes, jedoch sind die meisten dieser Vorgaben auch unter der DSGVO als förderliche Maßnahmen umzusetzen.

Kategorie: Sicherheit

#Webserver

117. Was muss ich beachten, um meinen Webserver physikalisch zu schützen?

Deinen Server kannst du durch verschiedene Techniken schützen. Ziel des physikalischen Schutzes ist es, folgende Szenarien zu verhindern bzw. entgegen zu wirken:

- Jemand vollzieht mechanischen Schaden an dem Server
- Der Server geht aufgrund von Umwelteinflüssen wie Wasser oder Feuer technisch defekt
- Der Betrieb des Servers wird durch Staub oder andere Schadstoffe in der Luft gefährdet
- Blitzschlag oder Überspannung treten als elektromagnetische Gefahr in Erscheinung

Folglich wird der Standort des Servers, also der Raum, in dem er sich befindet, von essentieller Bedeutung für die Sicherheit sein. Idealerweise steht der Server in einem eigenen Raum, dem Serverraum. Denkbar schlechte Orte wären mitten im Büro oder in einer Abstellkammer, da diese Räume meistens nicht die notwendigen Voraussetzungen für einen dauerhaften Serverbetrieb erfüllen (z. B. keine Klimatisierung, Brandschutz und Zugangskontrolle).

Solltest du deinen Webserver nicht selbst hosten, sondern von einem Dienstleister professionell betreuen lassen, so wird er sich um all diese Maßnahmen kümmern. Übrigens: Wir erklären dir später noch ausführlich im Bereich CMS, was bei Hosting-Anbietern alles zu berücksichtigen ist.

Kategorie: Sicherheit

#Webserver

118. Kann ich auf dem Webserver neben der Website beliebige Dienste laufen lassen oder sogar mehrere Websites betreiben?

Ja, technisch und datenschutzrechtlich gibt es hier keine Einschränkungen für dich. Doch umso komplexer die Dienste auf deinem Webserver werden, desto schwieriger wird es sein, alle Sicherheitsvorgaben der DSGVO zu berücksichtigen, wie z. B. klare Datentrennung, aktuelle Versionen der verwendeten Systeme und funktionierendes Berechtigungsmanagement. Üblich ist es, dass nur deine Website und die zwingend dazugehörigen Dienste auf dem Webserver laufen, z. B. bei einem Content Management System die dazugehörige Datenbank. Ansonsten empfehlen wir den Grundsatz „Ein Server, ein Dienst". Dieser Ansatz verringert dein eigenes Risiko, den Überblick zu verlieren und irgendwo eine Schwachstelle für Angreifer offen zu lassen.

Kategorie: Sicherheit

#Subdomain

119. Spielt es datenschutzrechtlich eine besondere Rolle, ob meine Website auf einer Subdomain betrieben wird?

Nein. Ob du deine Website direkt auf einer Hauptdomain wie www.mikes-website.de betreibst oder auf einer Subdomain wie www.inhalt.mikes-website.de laufen lässt, ist datenschutzrechtlich völlig irrelevant. Du musst alle Datenschutzvorgaben auch auf der Subdomain umsetzen. Schließlich ist das ja letztendlich nur der Pfad zu deiner Website, die auf einer festen IP-Adresse erreichbar ist. Du kannst immerhin beliebig viele Domains und Subdomains für deine Website einrichten, so dass unterschiedliche Suchen der Nutzer im Web zum gleichen Ergebnis führen, z. B. www.mikes-website.de, www.mikes-magic-website.de und www.mike-machts-moeglich.de.

Lediglich für den Nutzer könnte es irritierend sein, wenn du deine Website auf einer Subdomain laufen lässt und dabei nicht selbst der Inhaber der Hauptdomain bist – das wirft womöglich beim User Fragen auf wie z. B. wer ist der wirkliche Betreiber, werden meine Nutzerdaten an den Dritten übermittelt und ist das rechtlich überhaupt zulässig. Um so etwas vorzubeugen, solltest du in deiner Datenschutzerklärung immer klar und verständlich über deine Datenverarbeitung informieren. Wir haben dir hierfür ein Muster am Ende des Buches beigelegt.

Kategorie: Recht

#Cybersicherheit

120. Wie gehe ich strukturiert an die Sicherheitsvorgaben der DSGVO bei meiner Website ran?

Spätestens mit der DSGVO muss für dich als Website-Betreiber klar sein, dass auch (IT-)Sicherheit „von oben" gelebt und mitgetragen werden muss, also wie der Datenschutz absolute Chefsache sein muss. Anders würde das gar nicht funktionieren: Stell dir vor, du benötigst 2.500 Euro, um den unsicheren, uralten Server durch ein neues System auszutauschen und der Chef sagt „Nein". Seit der DSGVO ist das nicht mehr so leicht, für Geschäftsführer solch dringende Anliegen abzuschmettern, da der Einsatz unsicherer

Systeme nun als Datenschutzverstoß mit hohen Bußgelder geahndet werden kann – und Adressat des Bußgelds der jeweilige Chef ist. Die Bußgelder übersteigen dabei übrigens deutlich die Kosten, die die jeweilige Maßnahme für das Unternehmen kosten würde.

Somit benötigst du, sobald dein Unternehmen nicht mehr als „klein" bezeichnet werden kann, eine Sicherheitsrichtlinie, in welcher der Verantwortliche die Sicherheitsbedürfnisse und -anforderungen für die eigene Organisation festhält. Dort definierst du z. B. auch, wer auf was zugreifen darf und wer für was verantwortlich ist (Berechtigungsmanagement). Größere Unternehmen haben sogar eine Sicherheitsleitlinie (in der die übergreifenden Sicherheitsziele vorgegeben werden) und etablieren die Rolle des IT-Sicherheitsbeauftragten, der sich darum kümmert, dass es einen geregelten Prozess gibt, in dem auch die Website regelmäßig überprüft wird.

Bei kleineren Unternehmen oder One-Man-Shows reicht es aus, wenn alles Wesentliche zur Sicherheit der Website schriftlich dokumentiert wird. Du kannst dich beispielsweise an den Punkten orientieren, die wir dir vorhin als besonders wichtig aufgelistet haben.

Sollte deine Organisation IT-mäßig bereits gut aufgestellt sein, z. B. eine IS0 27001-Zertifizierung zur Informationssicherheit besitzen, musst du dir normalerweise über eine strukturierte Herangehensweise zur Sicherheit aus Datenschutzsicht keine weiteren Sorgen machen.

Kategorie: Sicherheit

#Verschlüsselung

121. Welche Rolle spielt die Verschlüsselung auf der Website?

Die Verschlüsselung wird in der DSGVO in Art. 32 explizit als positive Sicherheitsmaßnahme zum Schutz personenbezogener Daten erwähnt. Das ist an sich verständlich, denn wenn du die Daten der Nutzer mit einem geeigneten Kryptoalgorithmus verschlüsselst, verlieren die Daten in diesem Moment für den möglichen Angreifer die Information zur eigentlichen Person. Nur derjenige, der wieder entschlüsseln kann, kennt die tatsächlichen Userdaten. Von daher ist es für deine Website und deinen Webserver wichtig, dort zu verschlüsseln, wo es Sinn macht. Wir empfehlen dir insbesondere folgende Bereiche im Auge zu behalten:

- HTTPS als Transportverschlüsselung für deine Website
- Wähle dich mit VPN sicher in dein Unternehmensnetz ein, wenn du dich von der Ferne aus verbindest
- Speichere Nutzerpasswörter besonders sicher ab (geeignete Hashverfahren)
- Verwende FTPS statt FTP bei File Transfers (FTP over TLS)
- Wähle dich nur in sicheren drahtlosen Netzen bei Fernzugängen ein (WPA2 mit langem Passwort)
- Speichere sensible Nutzerdaten in der Datenbank nicht im Klartext
- Verschlüssele deine Backup-Medien

Kategorie: Sicherheit

#Clean Code

122. Muss ich bei der Erstellung meiner Website den Quellcode dokumentieren?

Datenschutzrechtlich besteht hierbei keine Vorgabe für dich. Dennoch empfehlen wir dir, möglichst „Clean Code" zu verwenden. Dadurch soll auch für andere Mitarbeiter verständlich werden, welche Funktion welches Code-Element hat. Natürlich nimmt die dafür erforderliche Dokumentation etwas Zeit in Anspruch – aber das ist es wirklich wert. Selbst der eigentliche Programmierer weiß oft nach einiger Zeit nicht mehr, welche Aufgabe bestimmte Codeelemente eigentlich haben. Datenschutzrechtlich kann das irgendwann zum Problem werden, da du ja die gesetzliche Verpflichtung hast, für die Sicherheit der Nutzerdaten zu sorgen. Wenn du jedoch eine Website besitzt, die über alten, undurchsichtigen Code verfügt, wird es schwer nachzuweisen, dass deine Website sicher ist.

Kategorie: Sicherheit

#Testumgebung

123. Wie spiele ich auf meinem Live-System Änderungen ein?

Du sprichst ein wichtiges Thema an, dass viele kennen: Auf deiner Website taucht ein kleiner Fehler auf. Nach kurzer Zeit hast du auch schon die Lösung zur Behebung parat. Jetzt musst du diese nur noch schnell einbauen und schon sieht wieder alles gut aus, oder? Also schnell auf den Server schalten und in der Live-Umgebung den Fehler bereinigen.

Was dir in dem Moment der Fehlerbehebung aber nicht klar

sein dürfte ist, welche Gefahren du dabei eingehst. Nicht umsonst gibt es Entwicklungs- und Testumgebungen, die getrennt von der Produktivumgebung betrieben werden. Da die Systeme in der Regel immer komplexer werden und viele Abhängigkeiten bestehen, können selbst kleine Änderungen zu einem Fehler an ganz anderer Stelle oder einer Sicherheitslücke führen. Manchmal vergisst man schlichtweg etwas und dann bleiben womöglich Testkonfigurationen im Produktivsystem bestehen, die Angreifern neue Möglichkeiten geben, das System zu kompromittieren. Diese Gefahren kannst du sehr leicht mit einer Testumgebung minimieren – das Einzige was du hierfür brauchst, ist etwas Geduld und Disziplin.

Tipp! Du solltest also mitnehmen, dass du keine unüberlegten und nicht-getesteten Änderungen am Live-System ausführst, da du schließlich für die Sicherheit des Systems datenschutzrechtlich verantwortlich bist. Eine absolute Ausnahme sind natürlich Hotfixes, wenn beispielsweise eine kritische Sicherheitslücke unverzüglich geschlossen werden muss. Ansonsten gilt für dich: Wesentliche Änderungen an deiner Website vorbereiten, testen und dokumentieren.

Kategorie: Sicherheit

#http-GET

124. Kann ich personenbezogene Daten der Nutzer über http-GET-Parameter übertragen?

Hier musst du etwas aufpassen: Für die Übertragung von Nutzereingaben von einer deiner Website auf eine andere

Seite, z. B. um nach dem Klicken eines Buttons auf die nächste Seite zu gelangen und die Formulardaten „mitzunehmen“, gibt es zwei unterschiedliche Methoden: GET und POST.

Technisch ist der http-GET-Übertragungsweg zwar möglich, bedeutet aber ja auch, dass eingegebene Parameter als URL-Parameter kodiert werden. Baust du beispielsweise ein Formular zur Online-Terminvereinbarung und nutzt http-GET, werden die vom Nutzer dort eingetragenen Daten wie Name, E-Mail-Adresse und Tag des Termins nach Eingabe und Klicken des Absenden-Buttons in der URL sichtbar: www.mikes-website.de/onlinetermin.php?user=mike&mail =mike.mustermann@xxxyz.de&termin=25052018.

Bei http-GET schützt also nicht einmal HTTPS die Daten des Nutzers, weil die URL selbst die persönlichen Informationen enthält. Du solltest auf diese Form der Übertragung personenbezogener Daten am besten verzichten.

Die geeignete Alternative wäre die POST-Methode. Mit dieser Anfrage-Methode kannst du einerseits große Datenmengen wie Bilder zu deinem Server weiterleiten, anderseits auch die Nutzerdaten „verstecken“ und nicht als Teil der URL übermitteln. Sie befinden sich dann als Anhang des HTTP-Headers.

Kategorie: Sicherheit

#Backup

125. Wie schütze ich die Nutzerdaten meiner Website vor Verlust?

Die Anforderung, die Nutzerdaten vor Verlust zu schützen, ist gesetzlich in der DSGVO verankert: Die Verfügbarkeit der Daten muss gewährleistet werden. Um Datenverlust vorzubeugen, sollten von dir regelmäßige Backups erstellt werden, die im Bedarfsfall dann eine Wiederherstellung eines gesicherten Zustandes ermöglichen. Die Backups solltest du in regelmäßigen Abständen durchführen und darauf achten, dass sie nicht auf dem gleichen Server oder gar der gleichen Festplatte gespeichert werden. Auch bei der Wahl des Speichermediums, ob SSD, HDD oder Tape, kann man hier verschiedenen physischen Gefahren entgegenwirken. Gerade durch externe Datenträgern verringert man die Gefahr, dass auf Grund von Umwelteinflüssen oder anderen Risiken sowohl Original als auch Backup gleichzeitig defekt gehen. Auf Grund der hohen datenschutzrechtlichen Bedeutung empfehlen wir dir ein Backup-Konzept zu erstellen.

Tipp! Für kleine Betriebe ist es völlig ausreichend, wenn das Backup regelmäßig auf kostengünstige externe Festplatten gemacht wird.

Kategorie: Sicherheit
Fundort: Art. 32 Abs. 1 lit. b) DSGVO

#Backup

126. Mit welchem Konzept kann ich Backups technisch realisieren?

Solltest du in die Verlegenheit kommen, tatsächlich einen Restore durchführen müssen, d. h. wegen Datenverlust eine alte Datensicherung einzuspielen, so ist vorab wohl meistens etwas schief gegangen. Entweder ist eine Festplatte abgeraucht, ein Schadcode hat sich auf der Festplatte ausgebreitet (beliebt: Kryptotrojaner, die alles verschlüsseln) oder ein Angreifer manipuliert oder löscht sogar die Daten. In all diesen Fällen wirst du also dankbar sein, ein relativ aktuelles Backup zu besitzen, welches man rasch wieder einspielen und den Betrieb der Website dadurch wieder fortführen kann. Du darfst es aber nicht dem Zufall überlassen, ob du ein aktuelles Backup besitzt oder nicht, sondern musst über den Backup-Konzept definieren, wann du was, wie und wohin sicherst.

Damit du Daten, insbesondere auch die persönlichen Daten der User, richtig vor Verlust schützt, musst du bei der Erstellung deines Backup-Konzepts einige Feinheiten beachten: Zum einen gibt es verschiedene Arten von Backups: Die Vollsicherung, eine differentielle Sicherung oder eine inkrementelle Sicherung – diese legen fest, wie ein Backup aufgebaut und wie umfangreich es ist:

- Die Vollsicherung sichert die Daten auf dem Backupträger vollständig in einer einzelnen Datei
- Die differentielle Sicherung speichert nur die Veränderungen am Datensatz seit der letzten Vollsicherung – d. h. ein Vollbackup muss vorher durchgeführt worden sein

- Die inkrementelle Sicherung benötigt am wenigsten Speicherkapazität, weil durch eine Art Sicherungskette immer auf dem vorher erstellten Backup aufgebaut und nur die dazu festgestellten Änderungen durchgeführt werden, ohne dass es sich dabei um eine Vollsicherung handelt

Zum anderen gibt es aber auch verschiedene Strategien, nach denen man die Sicherungen erstellt. Hier zählen Methoden wie „First in, First out" oder das „Großvater-Vater-Sohn"-Prinzip zu den wohl meist verbreiteten Backupstrategien:

- „First in, first out" (FIFO) ist die einfachste Backup-Methode und bedeutet, dass bei wenig verfügbaren Speicherplatz des Backup-Mediums die älteste Vollsicherung gelöscht wird und dadurch wieder Platz für eine neue Vollsicherung ist
- Beim „Großvater-Vater-Sohn"-Prinzip werden zu verschiedenen Zeitpunkten Datensicherungen gemacht. Das Sohn-Backup wird täglich, das Vater-Backup wöchentlich und das Großvater-Backup monatlich gemacht

Doch ganz gleich welche Art und Strategie du für die Backups wählst: Wichtig ist, dass du Sicherungen machst, um im Bedarfsfall jederzeit einen gewünschten oder zumindest planbaren Zustand wiederherstellen zu können. Bestimmt wird dieser wiederherzustellende Zustand durch zwei Parameter, dem Recovery Point Objective (RPO) und dem Recovery Time Objective (RTO). Das RPO bestimmt das Alter der Daten, den eine Sicherung hat. Beträgt das RPO also zwölf Stunden, so sind die Daten, die durch ein Backup wiederhergestellt werden, maximal zwölf Stunden alt. Das RTO bestimmt die maximale Zeitspanne bis eine Wiederherstellung eines Backups abgeschlossen wurde. Durch die Bestimmung dieser zwei Parameter ist es möglich, den für die eigenen Bedürfnisse besten Backup-Plan bei einem Datenverlust zu erstellen.

Datensicherungen sind also kein Selbstzweck, sondern aus Datenschutzsicht ein wichtiges Instrument, um die Verfügbarkeit der personenbezogenen Daten deiner Nutzer im Notfall zu gewährleisten.

Kategorie: Sicherheit

#Backup

127. Darf ich auch Cloud-Dienste für Backup-Zwecke verwenden?

Ja. Achte aber darauf, dass du einen spezialisierten Cloud-Dienst nutzt, der sich der datenschutzrechtlichen Problematik bewusst ist, dass du Nutzerdaten an ihn übermittelst. Vernünftig ist es dabei, dass du nur ausreichend verschlüsselte Backup-Daten an den Dienstleister übergibst, damit du das Risiko einer kritischen Datenpanne dort deutlich reduzierst. Voraussetzung wäre, dass der Dienstleister mit dem Verschlüsselungsverfahren nichts zu tun hat, also nicht im Besitz des Schlüssels ist und somit keine Möglichkeit hat, die von dir verschlüsselten Daten zu entschlüsseln.

Nicht vergessen solltest du, dass in der Regel einen Auftragsverarbeitungsvertrag benötigst.

Kategorie: Recht

#Backup

128. Wie muss ich mit Nutzerdaten in Backups umgehen?

Wenn du auf deiner Website Nutzerdaten verarbeitest und z. B. in einer Datenbank speicherst, sind unweigerlich Kopien dieser Nutzerdaten auch in deinen Backups enthalten. Das ist zunächst kein Problem, da du aus legitimen Gründen eine Datensicherung durchführst. Wichtig ist dabei, dass die Backups ausreichend vor unbefugtem Zugriff geschützt werden.

Kategorie: Nutzer

#Backup

129. Wie kann ich Nutzerdaten aus Backups löschen?

Tatsächlich sieht die DSGVO nicht vor, dass du Nutzerdaten in Backups speichern darfst, wenn der Nutzer seine Daten bei dir löschen lassen möchte oder du schlichtweg keine gesetzliche Grundlage dafür hast. Das Problem ist nun aber Folgendes: Viele Backupsysteme unterstützen keine simple nachträgliche Einzellöschung von Datensätzen – zumindest nicht ohne gewaltigen Aufwand für dich.

Tipp! Wir empfehlen dir daher Folgendes: Etabliere frühzeitig einen Prozess zum Löschen, damit du darauf vorbereitet bist. Idealerweise setzt du Backup-Tools ein, mit denen ein Bearbeiten von Backups mit geringem Aufwand verbunden ist.

Solltest du keine technische Möglichkeit haben, die Nutzerdaten mit verhältnismäßigem Aufwand aus den Backups zu löschen, so musst du – ausnahmsweise – organisatorisch Sorge tragen, dass im Notfall beim Einspielen der Backups die – an sich zu löschenden – Nutzerdaten nicht wieder produktiv eingespielt werden, sondern separat behandelt werden. Du kannst dir daher beispielsweise eine Blacklist für Daten der Backups erstellen, die nicht mehr verwendet werden dürfen – das ist weniger aufwendig, als zig alte Backups anzufassen. Wir betonen, dass die DSGVO an sich vorsieht, dass du die Daten zu löschen hast. Ist es tatsächlich technisch nicht möglich, hast du dies zu begründen und noch zu versuchen, die Daten zumindest zu anonymisieren. Eines der größten Praxisprobleme dürfte dabei aber auch sein, dass du wohl nicht immer gleich sagen kannst, wo überall (z. B. auf welchen Backups) die relevanten Nutzerdaten gespeichert sind.

Kategorie: Nutzer

#Cybersicherheit

130. Stimmt es, dass Cybersicherheit für mich als Website-Betreiber gesetzlich verpflichtend ist?

Ja, Cybersicherheit ist als gesetzliche Datenschutzkomponente für dich als Website-Betreiber anzusehen. Warum? Ganz einfach: Du musst schließlich die Sicherheit der Verarbeitung nach Art. 32 DSGVO für deine Website gewährleisten. Salopp gesagt geht es ja darum, dass du bei deinen Datenverarbeitungen stets darauf zu achten hast, dass diese sicher erfolgen und Unbefugten keine Kenntnis von den personenbezogenen Daten erlangen können (oder diese manipulieren, löschen, usw.). Verfügbarkeit, Vertraulichkeit und Integrität sind also längst nicht mehr nur reine IT-Sicherheitsziele mehr, sondern fester Bestandteil der Datenschutzwelt und der DSGVO.

Die Mehrheit der heutigen Datenverarbeitungen findet über Systeme und Netze statt, die Bestandteil des Internets sind oder zumindest an den Cyberraum in irgendeiner Weise angeschlossen sind. Sicherheitsmaßnahmen in diesem Bereich fasst man daher meist nicht unter den Begriff IT-Sicherheit, sondern eher unter den Themenkomplex Cybersicherheit zusammen. Hauptbestandteile der Cybersicherheit sind die Prävention, Detektion und Reaktion bei Sicherheitsvorfällen – zum Teil bestehen bei großen Unternehmen auch Möglichkeiten zur Prädiktion (Angriffsprognose).

Kategorie: Recht

#Cybersicherheit

131. Wer hat denn überhaupt ein Interesse, meine Website zu hacken und personenbezogene Daten abzugreifen?

Websites sind für Kriminelle immer ein attraktives Angriffsziel, da eine Attacke oder ein Diebstahl über das Internet bequem, einfach und schnell durchgeführt werden kann, ohne dass der Angreifer sich der Gefahr ausliefern muss, persönlich erkannt zu werden. Durch viele Anonymisierungsdienste (u. a. TOR, VPN) haben die Angreifer gute Möglichkeiten, ihre Spuren zu verwischen. Aus diesem Grund trauen sich auch weniger-kriminelle Personen zu, Webserver nach Schwachstellen "zu testen" – ob aus reiner Neugier oder mit gezielter Schadensabsicht.

Sogenannte Skript-Kiddies besitzen beispielsweise in der Regel nur rudimentäres Wissen im Sicherheitsumfeld und probieren ihre durchaus mächtigen Tools an deiner Website aus – allerdings meist völlig planlos und ohne größere Schadensabsicht. Cross-Site-Scripting und SQL-Injections werden dabei oft eingesetzt, indem in Formularfelder auf deiner Website Standardcode zum Ausnutzen von Lücken eingefügt werden. Eines der Ziele der Skript-Kiddies kann neben dem Ausprobieren von Angriffen auch die Manipulation von Daten sein, z. B. Cheats bei Gaming-Websites.

Cyber-Kriminelle haben dagegen tiefe Grundlagenkenntnisse oder gar Expertenwissen im Cybersicherheitsumfeld. Hacker ist dabei übrigens nicht ganz der richtige Begriff, da es auch Hacker gibt, die sich ihr Wissen für Sicherheitszwecke zunutze machen und beispielsweise Penetrationstests für Unternehmen durchführen. Diese Gruppe nennt man "white hats" (Ausrichtung: positiv). Während white hats nach Schwachstellen suchen, diese aber nicht ausnutzen, haben die "black hats" eine gezielte Schadensabsicht und wollen deine Website beschädigen oder Daten erbeuten (Ausrichtung: negativ). Hauptziel der Cyberkriminellen ist meist der Datendiebstahl über deinen Server mit anschließender Erpressung oder dem Weiterverkauf der Daten im Darknet – also haben sie oft rein finanzielle Absichten.

Natürlich gibt es viele weitere Arten von Angreifertypen wie die Cyber-Soldaten, die Cyberwar gegen ganze Staaten führen und dich als ein kleiner Teil davon mit angreifen, jedoch sind diese gerade für normale Websites zu vernachlässigen. Ziele sind dann nämlich meist das Platzieren von politischen Botschaften auf der Website, Einfluss auf strategische Ausrichtung deines Unternehmens oder Wirtschaftsspionage.

Kategorie: Sicherheit

#Cybersicherheit

132. Wie greifen Kriminelle meine Website an?

Es existieren sehr viele Techniken, die es Angreifern erlauben, deine Website zu kapern oder zumindest zu beschädigen. Heutzutage finden einige Attacken tatsächlich durch den persönlichen Kontakt zu einem Mitarbeiter deines Unternehmens statt, z. B. wenn man eine E-Mail mit Phishing-Link oder schädlichen Anhang an jemanden ganz bestimmtes sendet, zu dem man Zusatzinformationen hat – man nennt diese Technik Social Engineering. Auch die Verbreitung von Fake News (Falschmeldungen) ist tatsächlich mittlerweile ein Problem, da dadurch Mitarbeiter womöglich falschen Informationen auf dem Leim gehen und sicherheitskritische Aktionen auslösen (beispielsweise spielt ein Administrator ein vermeintliches Sicherheitsupdate ein, das eine Backdoor enthält).

"Richtige" technische Angriffsarten sind aber nach wie vor weit verbreitet: Mit Denial-of-Service-Attacken kann man beispielsweise deinen Webserver in die Knie zwingen. Über Tools, die oft kostenfrei im Netz für jedermann erhältlich sind, lassen sich solche Angriffe ohne viel Aufwand durchführen. Das größte Problem auf deiner Website sind jedoch nicht-gepatchte Schwachstellen, also klaffende Softwarelücken, die ein Angreifer mühelos ausnutzen kann. Dadurch können womöglich Ransomware, Keylogger oder Root-Kits auf deinem Server installiert werden.

Kategorie: Sicherheit

#Cybersicherheit

133. Wie kann ich Angriffe (z. B. Hacking-Versuche) auf meiner Website erkennen?

Ohne geeignete Tools wirst du kaum eine Möglichkeit haben, Angriffe schnell zu erkennen – es sei denn, es sind offensichtliche Attacken wie beispielsweise Defacement-Angriffe, bei denen der dargestellte Inhalt deiner Website manipuliert wird.

Es ist daher wichtig, dass du effektive Sicherheitswerkzeuge einsetzt, um die unterschiedlichen Angriffstypen zu erkennen und die Nutzerdaten zu schützen. Kontrolliere beispielsweise die auf dem Server laufenden Prozesse und installiere Alarmsysteme, falls es dort zu auffälligen Änderungen kommt. Gleiches gilt für den Network Traffic, also den Netzwerkverkehr, der von deinem Server ausgeht. Scanne zudem den Server regelmäßig auf Root-Kits und andere Schädlinge. Es gibt viele Monitoring-Tools, die dir dabei helfen. Darüber hinaus kannst du selbst regelmäßige Scans auf deine Ports des Servers durchführen, um sicherzustellen, dass nur die relevanten Pots offen sind (wie 80 für HTTP und 443 für HTTPS).

Größere Organisationen haben neben einer guten Firewall-Architektur und Virenscannern auch sogenannte Intrusion Detection Systeme, um ein Eindringen in das eigene Netz festzustellen.

Tipp! Wir empfehlen dir unabhängig von der Größe deiner Organisation, entsprechende Monitoring-Tools einzusetzen. Sollte deine Website auf einem fremden Server laufen (Hoster), musst du darauf achten, dass in dem Leistungsumfang des Anbieters auch die Sicherheit des Servers entsprechend berücksichtigt wird und dieser alle relevanten Maßnahmen übernimmt.

Kategorie: Sicherheit

#Incident Response

134. Was muss ich tun, wenn meine eigene Website angegriffen wird (z. B. durch eine Denial-of-Service-Attacke zur Überlast des Servers und Ausfall der Website)?

Das Allerwichtigste: Die Ruhe bewahren. (Fast) nichts ist schlimmer, als völlig panisch zu reagieren (nur Nicht-Reagieren ist schlimmer). Panik verursacht Fehler. Gerade bei Angriffen gilt es, möglichst viel über den Angriff in Erfahrung zu bringen, da man der Attacke sonst weder erfolgreich begegnen kann noch weiß, welche Daten und Netze betroffen sind. Angriffsarten auf Websites gibt es zahlreiche: SQL-Injection, Cross-Site-Scripting (XSS), Cross-Site-Request-Forgery (CSRF), Man-In-The-Middle, Schadcodebefall, Denial-of-Service (DoS) und Distributed-DoS (DDoS) – um nur ein paar davon zu nennen.

Wenn du gut vorbereitet bist, also regelmäßig Backups und Sicherheitschecks durchführst sowie über einen Incident Response Plan verfügst, wird es dir etwas leichter fallen, ein wenig ruhiger an die Analyse des Angriffs heranzugehen. Zunächst musst du feststellen, was überhaupt passiert ist. Entweder schlägt ein Tool Alarm, z. B. dein Monitoring-Werkzeug, weil plötzlich eine unheimliche Last durch zahlreiche Anfragen auf dem Webserver entsteht, oder ein Mensch registriert etwas, z. B. ein Nutzer, der „merkwürdige" Daten in seinem Account sieht, oder du als Admin, wenn du fremde Dateien auf dem Server erkennst. In deinem Incident Response Plan solltest du also definiert haben, was bei welchem Vorfall zu tun ist. „Den Stecker herausziehen", also den Webserver vom Netz nehmen, ist dabei zumeist nicht die beste Lösung, schließlich musst du als

Verantwortlicher etwas über den Vorfall in Erfahrung bringen: Sind womöglich personenbezogene Daten betroffen? Dann greift Art. 33 DSGVO, aus dem hervorgeht, dass du solche Sicherheitsvorfälle im Umgang mit Nutzerdaten der Aufsichtsbehörde melden musst (es sei denn, es besteht kein Risiko – was aber die absolute Ausnahme ist).

Wir empfehlen dir also, durch einen Incident Response Plan für deine Website alle wesentlichen potentiellen Angriffe auf deine Website aufzunehmen und entsprechende mögliche Reaktionen vorzuschlagen. Ob diese dann im Notfall fruchten, wird sich zeigen. Auf jeden Fall solltest du nach jedem Zwischenfall analysieren, was gut und was schlecht gelaufen ist und deine Dokumentation entsprechend anpassen.

Tipp! Sollte deine Organisation nicht ganz so groß sein oder du gar alleine die Website verantworten, kannst du natürlich versuchen, den Aufwand verhältnismäßig gering zu halten und zunächst mit den Grundlagen beginnen. So solltest du dir vorab schon einmal Gedanken machen, wer im Schadensfall zu benachrichtigen ist und wie du dir Hilfe holen kannst. Und im Zweifel gilt immer: Melde dich bei „deiner" Datenschutzaufsichtsbehörde und bitte um Unterstützung bei der Einschätzung und Aufarbeitung von Sicherheitsvorfällen.

Das Bundeskriminalamt hat übrigens eine Broschüre herausgegeben, die du kostenfrei im Internet herunterladen kannst: „Cybercrime – Handlungsempfehlungen für die Wirtschaft". Diese Zusammenfassung enthält verständliche und hilfreiche Informationen, was du präventiv für deine

Website tun kannst und wie du dich bei einem Vorfall verhalten solltest.

Kategorie: Sicherheit

#Datenschutzverletzung

135. Welche Sicherheitsvorfälle muss ich bei der Datenschutzaufsichtsbehörde melden?

Knapp zusammengefasst: Alle Sicherheitsvorfälle, bei denen personenbezogene Daten betroffen sind und ein Datenschutz-Risiko (unabhängig, ob gering oder hoch) für die betroffene Person besteht.

Die offizielle Angabe im Gesetz lautet ungefähr so: Kommt es auf deiner Website zu einer Verletzung der Sicherheit, die zur Vernichtung, zum Verlust, zur Veränderung oder zur unbefugten Offenlegung von (beziehungsweise zum unbefugten Zugang zu) personenbezogenen Daten führt, liegt eine Datenschutzverletzung vor.

Sobald du einen solchen Vorfall im Umgang mit personenbezogenen Daten feststellst, der in deinem Verantwortungsbereich geschieht, musst du prüfen, ob ein Datenschutz-Risiko für die betroffenen Personen besteht. Wenn dies nicht der Fall ist, musst du keine Meldung bei der Aufsichtsbehörde durchführen, d. h. du musst letztendlich niemanden von dem Sicherheitsvorfall berichten.

Kannst du dagegen nicht ausschließen, dass ein Risiko für die Betroffenen besteht – sei es auch nur gering –, so hast du eine offizielle Meldung bei der Behörde durchzuführen.

Bei eher kritischen Vorfällen auf deiner Website wirst du wohl selbst recht schnell das Risiko bewerten können, z. B. wenn jemand eine SQL-Injection durchgeführt hat, dein System mit einem Verschlüsselungstrojaner infiziert wurde oder du Opfer einer DoS-Attacke wurdest und der Server nicht zur Verfügung stand – hier hast du meist ein mittleres Datenschutz-Risiko für die Nutzer, weshalb du eine Meldung durchzuführen hast.

Im Alltag lässt sich leider nur schwer zwischen keinem und einem geringen Risiko unterscheiden. Ein Beispiel hierzu:

> Du pflegst gerade die Berechtigungen für einen Order auf deinem Webserver. Im Verzeichnis /kunden/ liegen geschützt, also nicht öffentlich zugänglich, etliche Dokumente von Kunden, wie Verträge und Rechnungen. Da passiert es dir, dass du diesen Ordner auf Grund einer falschen Berechtigung kurz öffentlich zugänglich machst. Du stellst deinen Fehler nach einer Minute selbst fest und behebst diesen sofort. Noch einmal Glück gehabt? Richtig, denn die Wahrscheinlichkeit, dass jemand in diesen wenigen Sekunden unbefugten Zugriff auf die Kundendaten hatte, ist sehr gering. Notfalls überzeugst du dich davon in den Log-Files. Ein Risiko für die Kunden, weil die Vertraulichkeit deren Daten verletzt wurde, kannst du ausschließen und somit auf die Meldung bei der Aufsichtsbehörde verzichten.
>
> Anders wäre der Sachverhalt zu bewerten, wenn du den Berechtigungsfehler erst nach einigen Tagen feststellst. Hier ist die Wahrscheinlichkeit

deutlich höher, dass ein Webcrawler einer Suchmaschine deinen Server „abgegrast“ oder ein neugieriger Internetsurfer deine Ordnerstruktur entdeckt hat. Stellst du bei der Aufarbeitung des Vorfalls auch nur einen fremden Zugriff in den Log-Files fest, befindest du dich automatisch im Risikobereich, so dass der Sachverhalt meldepflichtig ist.

Bist du dir bei der Risikoeinschätzung nach einer Datenschutzverletzung unsicher, empfehlen wir dir, eine vorsorgliche Meldung bei der Aufsichtsbehörde durchzuführen. Möchtest du das nicht, hast du sorgfältig schriftlich zu dokumentieren, warum du keine Meldung durchgeführt hast (also warum kein Risiko für die Nutzer durch den Vorfall bestand).

Kategorie: Sicherheit
Fundort: Art. 33 Abs. 1 DSGVO

#Datenschutzverletzung

136. Wie führe ich die Meldung einer Datenschutzverletzung durch?

Viele Aufsichtsbehörden bieten die Möglichkeit der Online-Meldung an. Du kannst dies also ohne viel Zeit dafür aufwenden zu müssen, direkt auf die Website der Aufsichtsbehörde gehen. Dort findest du eine Rubrik zur Meldung von Datenschutzverletzungen, oder auch umgangssprachlich „Datenpannen“ bezeichnet. In der Regel kannst du dich dann durch das Meldeformular durchklicken und alle Pflichtangaben machen. Anschließend erhältst du eine

Bestätigung, dass du die Meldung durchgeführt hast.

Kategorie: Sicherheit
Fundort: Art. 33 Abs. 3 DSGVO

#Datenschutzverletzung

137. Wie viel Zeit habe ich, um die Aufsichtsbehörde über eine Datenschutzverletzung zu informieren?

Nach der DSGVO stehen dir im Normalfall 72 Stunden zur Verfügung, in denen die Meldung einer Datenschutzverletzung zu erfolgen hat. Diese Frist läuft unabhängig davon, ob Feiertage oder ein Wochenende am Tag des Vorfalls oder kurz danach folgen. Trotzdem können wir dich beruhigen: Du hast die Möglichkeit, diese Frist etwas zu verlängern, wenn du eine triftige Begründung hast. Unsere Erfahrung bisher zeigt, dass die Aufsichtsbehörden noch keinen Tadel ausgesprochen haben, wenn die Meldung leicht verspätet durchgeführt wurde. Problematisch ist es für dich, wenn du die Meldung auf die lange Bank schiebst und die Aufsichtsbehörde anderweitig von der Sache Wind bekommt. Hier wird die Aufsichtsbehörde dich sicher mit einem formellen Schreiben zu dem Sachverhalt befragen und dir womöglich mit Konsequenzen drohen.

Kategorie: Sicherheit
Fundort: Art. 33 Abs. 1 DSGVO

#Datenschutzverletzung

138. Habe ich etwas zu befürchten, wenn ich Datenschutzverletzungen nicht bei der Aufsichtsbehörde melde?

Ja. Wenn du die Meldung nicht oder nicht innerhalb der 72-Stunden-Frist durchführst (bzw. keinen triftigen Grund für die Verzögerung vorweisen kannst), drohen dir die vollen Sanktionsmöglichkeiten des Art. 83 DSGVO: Dieser sieht vor, dass bei Verstößen gegen die Vorschriften aus Art. 33 DSGVO, also der Meldepflicht, Geldbußen von bis zu 10 Millionen Euro oder im Fall eines Unternehmens bis zu 2% des gesamten weltweit erzielten Jahresumsatzes verhängt werden kann (je nachdem, welcher der Beträge höher ist). Du siehst, eine „Nicht-Meldung“ von Datenschutzverletzungen kann ganz schön teuer werden.

Kategorie: Sicherheit
Fundort: Art. 83 DSGVO

#Datenschutzverletzung

139. Muss ich auch meine Nutzer über Sicherheitsvorfälle informieren?

Sind von einem Sicherheitsvorfall auch persönliche Daten von Usern oder Kunden betroffen, musst du diese nicht in jedem Fall benachrichtigen. Nach der DSGVO wäre das nur bei einem hohen Risiko für die betroffenen Personen verpflichtend. Ein hohes Risiko wirst du aber nur in sehr seltenen Fällen haben, z. B. wenn du ein Versicherungsportal betreiben würdest und ein Cyberkrimineller alle Versicherungsdaten der Kunden gestohlen hat (mit Angaben zu deren Gesundheit, Lebensversicherung, Steuerinformationen, Vermögenswerte, etc.).

Kategorie: Sicherheit
Fundort: Art. 34 DSGVO

#Datenschutzverletzung

140. Was mache ich, wenn mein Dienstleister gehackt wird?

Hast nicht du, sondern dein Dienstleister eine Datenschutzverletzung mit „deinen“ Daten, also den deiner Kunden, bei sich festgesellt, so hat er dich unverzüglich darüber zu informieren. Datenschutzrechtlich verantwortlich für deine Kundendaten bleibst du, weshalb eine Meldung an die Aufsichtsbehörde von dir, und nicht etwa wie viele vermuten vom Dienstleister, durchgeführt werden muss. Die Meldung unterscheidet sich allerdings nicht von der „normalen“ Meldung, wenn der Sicherheitsvorfall direkt bei dir passiert wäre.

Kategorie: Sicherheit
Fundort: Art. 33 Abs. 2 DSGVO

#Incident Response

141. Ab wann ist ein richtiger Notfallplan für mich sinnvoll?

Für kleine Betreibe reicht es, einen übersichtlichen Incident Response Plan zu haben, aus dem hervorgeht, wie du dich bzw. die Mitarbeiter sich im Falle eines Sicherheitsvorfalls zu verhalten haben. Dieser Plan wird natürlich im Vorfeld erstellt und den Mitarbeiter kommuniziert, d. h. auch erklärt. Je nach Größe der Organisation empfiehlt es sich sogar, den

Ernstfall zu trainieren und durch Übungen eine gewisse Routine im Umgang mit Stresssituationen zu entwickeln.

Einen „richtigen Notfallplan“ für die Website im Sinne von Notfallmanagement haben dagegen nur die großen Firmen, bei denen über die Website womöglich unheimlich viel Umsatz generiert wird oder die Daten, die darauf verarbeitet werden, anderweitig wertvoll sind.

Kategorie: Sicherheit

#Cybersicherheit

142. Reicht es für mich aus, den Webserver zu schützen oder müssen weitere Komponenten abgesichert werden?

Nein, mit der Absicherung des Webservers ist es nicht getan. Stell dir vor, du hast als Hausbesitzer eine sehr sichere Haustüre, aber das Kellerfenster ist offen. Ähnlich ist es bei deiner Website: Was hilft dir ein guter Schutz des Webservers, wenn angrenzende Systeme infiziert sind oder zumindest über Sicherheitslücken verfügen. Aus diesem Grund musst du die an die Website angrenzenden, zum Teil unternehmensinternen Komponenten wie Router, Switches und Arbeitsplatzsysteme ebenfalls absichern, da hier grundsätzlich Einfallstore bestehen können.

Gleiches gilt für alle weiteren Server, die du neben dem Webserver ans Netz anbindest, wie z. B. Mail- oder Datenbankserver. Gerade diese Server spielen mit ihren besonderen Diensten wesentliche Rollen für deine Website, da du dadurch Features wie Mailversand über die Oberfläche der Site und Speicherung von Nutzerdaten in eigenen

Datenbanken realisieren kannst.

Tipp! Werfe bei Gelegenheit einen Blick in die sogenannte ISi-Reihe des BSI. ISi steht für Internet-Sicherheit und bezeichnet eine Veröffentlichungsreihe des BSI, bei dem verständliche Informationen rund um das Thema Sicherheit im Web kostenfrei zur Verfügung gestellt werden (z. B. „Sichere Bereitstellung von E-Mailservern", „Absicherung eines Servers").

Kategorie: Sicherheit

#Mailserver

143. Was muss ich beim Betrieb meines Mailservers beachten?

Der Mailserver deines Unternehmens spielt eine wichtige Rolle in deiner Kommunikation. Du solltest darauf achten, dass es zu keiner unverschlüsselten Verbindung kommt, bei der Dritte den Inhalt deiner E-Mails (oder die der Nutzer an dich) lesen oder verändern könnten.

Aus diesem Grund musst du sowohl beim Versand als auch beim Empfang personenbezogener Daten mit dem verbreiteten SMTP-Protokoll bei den beteiligten Mailservern insbesondere STARTTLS und Perfect Forward Secrecy (PFS) zur sicheren Transportverschlüsselung unterstützen. Mit diesen Einstellungen kann selbst bei unrechtmäßiger Erlangung des Langzeitschlüssels die Kommunikation nicht nachträglich vollständig entschlüsselt werden.

Ansonsten sind die Punkte, die wir dir in der HTTPS-Checkliste bereits beim Kontaktformular mit auf dem Weg gegeben haben, zu berücksichtigen (z. B. aktuelle Protokolle wie TLS 1.3, gültiges Zertifikat, keine bekannten Schwachstellen, keine schwachen Algorithmen).

Kategorie: Sicherheit

#Mailserver

144. Wie kann man selbst prüfen, ob der eingesetzte Mailserver sicher ist?

Es gibt zahlreiche kostenfreie Onlinetests, mit denen du in wenigen Sekunden prüfen kannst, ob dein Mailserver auch von außen als sicher wahrgenommen wird. Du musst meist nur deine E-Mail-Adresse bzw. die Domain dazu angeben und schon wird versucht, eine Verbindung zum Mailserver herzustellen. Dabei prüft das Online-Tool wesentliche Sicherheitsanforderungen ab und stellt dir am Ende eine verständliche Zusammenfassung zur Verfügung.

Tipp! Wir finden den SSL-Check auf de.ssl-tools.net/mailservers/ dafür ganz praktisch.

Kategorie: Sicherheit

#Datenbank

145. Wie schütze ich meinen Datenbankserver?

Die Trennung von Datenbankservern und Web- bzw. Applikationsservern ist ein hilfreicher Schritt, um mit einer weiteren Schicht (Businesslogik) einen direkten Zugriff auf die Datenbank zu verhindern.

Zu den Grundlagen der Sicherheit eines Datenbankservers zählt wie bei anderen Servern die Verwendung einer Firewall. Hier sollte man von einer Default-Einstellung „deny all traffic" ausgehen und nur die nötigsten Verbindungen für ausgewählte Anwendungen oder IP-Adressen freigeben. Falls die Traffic-Einstellungen verändert werden, sollten durch ein Alarmsystem die relevanten Mitarbeiter (DB-Admins, IT-Sicherheitsbeauftragter) schnell und transparent informiert werden (Dokumentation). Firewall-Einstellungen sollten zudem regelmäßig von dir auf ihre Wirksamkeit geprüft werden.

Des Weiteren solltest du alle nicht benötigten oder ungenutzten Funktionen deiner Datenbank abschalten. Diese bergen nur ein Sicherheitsrisiko, ohne dass sie überhaupt eine Aufgabe für dich erfüllen. Genauso solltest du auch ungenutzte Datenbank-User oder Default-User (admin/root) löschen und neue Zugänge mit sicheren Passwörtern erstellen.

Bei der Rollenvergabe sollte „Least privilege" gelten – das bedeutet einfach ausgedrückt: Verteile nur die Rechte, die unbedingt benötigt werden, um eine Aufgabe zu erfüllen. Gewöhnliche Datenbanknutzer sollten also nur ganz bestimmte und begrenzte Rechte erhalten, um ihre Aufgaben zu erfüllen. Um beispielsweise aus einer Datenbank zu lesen, benötigt man keine Administratorenrechte, sondern reine Leserechte für die Datenbank und möglicherweise auch nur für bestimmte Tabellen.

Verschlüsselte Verbindungen über TLS spielen nicht nur bei Websites oder E-Mails eine wichtige Rolle: Auch bei Datenbanken kann der Datenverkehr im Netzwerk mit TLS geschützt werden. Empfehlenswert sind die „modern compability"-Settings für serverseitige TLS-Verschlüsselung, die auf wiki.mozilla.org/Security/Server_Side_TLS detailliert beschrieben werden. Wenn wir von Verschlüsselung reden, denkst du sicher daran, die Passwörter von Benutzern mit einem langsamen One-Way-Hash wie bcrypt zu verschlüsseln. Doch du solltest wissen, dass auch andere Daten in der Datenbank mit sicheren Methoden verschlüsselt werden können. Eine davon nennt sich Transparent Data Encryption und verschlüsselt die physischen Dateien der Datenbank auf dem Filesystem („data at rest"). Übrigens können auch die Backups mit der gleichen Methode leicht und sicher gegen unerlaubten Zugriff oder bei Diebstahl geschützt werden. Regelmäßige Backups und laufende Sicherheitsupdates sind natürlich auch wesentliche Bestandteile deiner Strategie, um den Datenbankserver sicher zu halten.

SQL-Injections zum Einschleusen von schädlichen Datenbankkommandos gehören übrigens zu den häufigsten Angriffsmethoden auf Datenbanken. Um diese zu verhindern oder zumindest wesentlich zu erschweren, sollten Zugriffe auf die Datenbank statisch kontrolliert erfolgen und weniger dynamisch mit ganzen Befehlen. Diesen Zustand erreichst du in der Regel über „prepared statements" oder „stored procedures". Dadurch werden Abfragen mit Platzhaltern genutzt, um die SQL-Abfragen weniger offen zu gestalten. In Kombination mit einer Whitelist-Validation für verschiedene Parameter einer SQL-Abfrage, wie dem Tabellennamen oder der Sortierrichtung, kann eine sehr wirkungsvolle

Barriere gegen SQL-Injections errichtet werden.

Kategorie: Sicherheit

#Berechtigungen

146. Muss ich Berechtigungen für meinen Webserver vergeben?

Ja. Das A und O eines guten, durchgängigen Sicherheitskonzepts ist es, wenn du passende Berechtigungen vergibst und diese regelmäßig pflegst. Wie beim Datenbankserver erklärt, solltest du beispielsweise nicht ständig mit der Administratoren-Kennung arbeiten, sondern diese privilegierte Kennung nur bei Bedarf einsetzen. Auch solltest du Gruppenkennungen für Mitarbeiter deines eigenen Unternehmens vermeiden, da man sonst im Zweifel nicht weiß, wer welche Änderungen durchgeführt hat (Vorgangsprotokollierung).

Kategorie: Sicherheit

#Protokollierung

147. Was muss ich bei meiner Website protokollieren?

Grundsätzlich solltest du zumindest Login-Versuche und Zugriffe auf wichtige Dateien protokollieren. Diese Anfragen werden üblicherweise in einer Log-Datei auf deinem Server mitgeschrieben und enthalten meist folgende Informationen:

> Welche IP-Adresse (1) hat um wieviel Uhr (2) an welchem Tag (3) mit welchen Browser User Agent (4) welche Datei bzw. Ressource meiner Website (5) abgerufen?

Man nennt dies auch das Access-Log (das Zugriffsprotokoll). Es gibt dabei unterschiedliche Arten von Logs, je nachdem welchen Webserver du für deine Website einsetzt. Datenschutzrechtlich besteht keine genaue Angabe, was genau protokolliert werden muss – jedoch hast du im Zweifel nachzuweisen, wer Änderungen an Nutzerdaten vorgenommen und so die Integrität der Daten beeinflusst hat.

Kategorie: Sicherheit

#IP-Adressen

148. Wie wirkt sich der Unterschied von IPv4- und IPv6-Adressen im Web aus?

Der wohl wichtigste Unterschied zwischen IPv4- und IPv6-Adressen ist die Erweiterung des Adressraumes bei IPv6 im Vergleich zu seinem Vorgänger. Aktuell liegt die Verteilung von IPv4-Adressen weltweit bei etwa 99%, das heißt, dass so gut wie jede Adresse bereits vergeben wurde. Durch seinen Aufbau bietet der IPv4-Adressraum nur ca. 3,7 Milliarden öffentliche IP-Adressen. Durch verschiedene Verfahren wie das NAT (Network Address Translation) wurden hier kleine Workarounds gefunden, um trotzdem alle Endgeräte mit dem Internet verbinden zu können. IPv6 bietet hingegen beinahe unendlich viele Adressen, sodass jedes einzelne Gerät eine eigene IPv6-Adresse bekommen könnte. Ein weiterer Vorteil ist, dass IPv6 von Grund auf verschiedene Sicherheitsfeatures enthält. So ist eine Verschlüsselung der über das Internet übertragenen Daten mittels IPsec nicht mehr optional, sondern für alle verpflichtend.

Diese technischen Entwicklungen bedeuten für dich als Website-Betreiber jedoch keine wesentlichen Änderungen. Nur bei bestehenden IPv4-Anonymisierungsverfahren muss geprüft werden, ob diese bei IPv6-Adressen ebenso greifen.

Kategorie: Sicherheit

#Patch Management

149. Wie kann ich mein System, d. h. alle relevanten Komponenten meiner Website aktuell und sicher halten?

Ein zentrales Grundelement zum Schutz personenbezogener Daten ist das Patch Management. Diese Disziplin beschäftigt sich insbesondere mit der Beschaffung, dem Testen und dem Einspielen wichtiger Updates für Anwendungen. Patches sind also vor allem als bedarfsorientierte Korrekturen zu betrachten, um gezielt Fehler und bekannte Schwachstellen zu beheben, die den sicheren Betrieb deiner Website gefährden.

Wichtig zu wissen ist: Patch Management ist aus datenschutzrechtlicher Sicht eine gesetzliche Anforderung, um personenbezogene Daten, die durch eine Anwendung verarbeitet werden, angemessen zu schützen. Als Website-Betreiber musst du ein Verfahren etablieren, um regelmäßig überprüfen, bewerten und evaluieren zu können, ob deine technischen und organisatorischen Maßnahmen zur Gewährleistung der Sicherheit auch tatsächlich wirksam sind. Im Umfeld deiner Website ist es daher für dich wichtig, immer auf dem Laufenden zu bleiben, nach Veröffentlichungen zu Schwachstellen Ausschau zu halten und dann zeitnah die bereitgestellten Sicherheitspatches einzuspielen.

Kategorie: Sicherheit
Fundort: Art. 32 Abs. 1 lit. d) DSGVO

#Datenschutz-Risiko

150. Woher weiß man, welche Maßnahmen die richtigen sind, d. h. ob meine Website auch wirklich sicher ist?

Bei der Auswahl der Maßnahmen zur Sicherheit deiner Website, also auch zum Schutz der Nutzerdaten, fordert das Gesetz dich auf, „geeignete" technische und organisatorische Maßnahmen zu wählen. Diese sollen dann ein „dem Risiko angemessenes Schutzniveau" gewährleisten. Das bedeutet, dass du nicht einfach wahllos irgendwelche Maßnahmen ergreifen sollst, sondern zunächst festhältst, was du eigentlich schützen willst. Erst anschließend kannst du festlegen, wie du die Daten schützt.

> Beispiel: Um einen Einbrecher von deinem Haus fernzuhalten, kannst du um dein Grundstück eine zwanzig Meter hohe Betonmauer bauen – oder einfach sichere Türen und Fenster im Haus installieren. Wie du das Haus effektiv schützt, hängt aber doch davon ab, was darin zu finden ist. Beherbergst du einen Goldschatz im Haus, werden Angreifer bereit sein, mehr Aufwand für einen Einbruch in Kauf zu nehmen als wenn es sich um ein gewöhnliches Wohnhaus handelt. Entsprechend musst du deine Schutzmaßnahmen auf der Website nach dem „Schatz" ausrichten: Den Nutzerdaten.

Du siehst, technische Maßnahmen können ganz verschieden sein. Sie unterscheiden sich insbesondere in ihrem Aufwand, was für dein Unternehmen nicht ganz nebensächlich sein wird. Deshalb ist der „risikobasierte Ansatz“ der DSGVO zu befürworten, der klar sagt, dass deine Maßnahmen geeignet und wirksam sein müssen – und nicht jede mögliche Maßnahme pauschal getroffen werden muss. Nachdem du dich für Maßnahmen entschieden hast, kannst du gleich prüfen, ob die Maßnahmen ausreichen.

> Beispiel: Du bittest einen Bekannten nachzuschauen, ob er ohne Weiteres in dein Haus eindringen kann. Scheitert er an der Betonmauer? Kann er ein Fenster knacken? Ist die Haustüre zugesperrt? Wichtig ist, dass du einen Bekannten danach fragst und nicht einen Fremden: Der Bekannte teilt dir mit, wenn die Hintertür im Haus offen steht. Der Fremde dagegen freut sich und geht durch die Hintertür ins Haus – was er darin macht und ggf. mitnimmt, kannst du dann nicht mehr beeinflussen. Im Web ist das der entscheidende Unterschied zwischen hackenden Sicherheitsanalysten (white hats) und Cybergangstern mit bösen Absichten (black hats).

Viele Sicherheitsdienstleister bieten standardisierte Tests für Websites an. Meistens wird ein buntes Portfolio an Penetrationstests (Pentests) genutzt, um systematisch deine Systeme auf Herz und Nieren zu prüfen. Es ist aber nicht immer gleich erforderlich, einen umfangreichen Pentest zu beauftragen – schließlich ist das mit Kosten von ein paar tausend Euro verbunden. Einzelne Komponenten kannst du mit eigenen Analysetools selbst überprüfen. Das Open Web Application Security Project (OWASP) bietet dir entsprechende Hilfestellungen. Oder du nutzt bestehende, meist kostenfreie Onlinetests wie z. B. www.ssllabs.com/ssltest/, um „dein" HTTPS zu checken.

Unsere Empfehlung, wie du die richtigen Maßnahmen auswählst und überprüfen kannst:

- Halte zunächst fest, welche Daten du schützen musst
- Orientiere dich dann an Best Practice-Veröffentlichungen und bekannten Referenzen wie OWASP Top10, BSI-Publikationen und Hinweisen der Aufsichtsbehörden
- Ermittle das Datenschutz-Risiko für die betroffenen Nutzer
- Prüfe über Sicherheitsscans die Wirksamkeit deiner Maßnahmen, also ob dein System sicher ist
- Umso größer deine Website und je sensibler die Daten, desto eher benötigst du regelmäßige Penetrationstests, auch durch externe Dienstleiser

Kategorie: Sicherheit
Fundort: Art. 32 Abs. 1 lit. d) DSGVO

#ePrivacy-VO

151. Wird die ePrivacy-VO etwas hinsichtlich den Sicherheitsanforderungen für meine Website ändern?

Die ePrivacy-VO betont an einigen Stellen, dass die technischen Sicherheitsmaßnahmen das A und O sind. Nur durch technische und organisatorische Maßnahmen kann letztendlich sichergestellt werden, dass die Kommunikation vertraulich bleibt und Dritte keinen Zugriff auf die ausgetauschten Informationen haben. Als besonders wichtige Maßnahme wird dabei explizit die Verschlüsselung genannt. Das ist aber nichts Neues, denn die DSGVO verpflichtet dich auch schon heute dafür zu sorgen, dass personenbezogene Daten in den entsprechenden Fällen vertraulich bleiben. Beachtest du unsere vielen Hinweise zum Thema Sicherheit, bist du bestens gewappnet, wenn die ePrivacy-VO kommt.

Kategorie: Sicherheit

Checkliste: **Sicherheit**

✓ Recht

- ○ Die Sicherheit der Website als gesetzliche Anforderung wahrnehmen
- ○ Die Daten nach Verarbeitungszwecken trennen

✓ Information

- ○ In der Datenschutzerklärung über relevante Sicherheitsmaßnahmen informieren (z. B. Log-Files)

✓ Nutzer

- ○ Die Nutzerdaten auch aus Backups löschen
- ○ Bei Auskunftsersuchen mitangeben, wenn Daten zu Sicherheitszwecken verarbeitet werden

✓ Sicherheit

- ○ Den Webserver physikalisch absichern
- ○ Die Umgebung der Website auf dem Server schützen (keine unnötigen Dienste laufen lassen)
- ○ Eine kompakte Sicherheitsrichtlinie erstellen
- ○ Effektive Maßnahmen planen und dokumentieren
- ○ Die Verschlüsselungsmöglichkeiten gezielt nutzen
- ○ Nur geprüften Code in die Website einbinden

- ○ Ein passendes Backup-Konzept erstellen
- ○ Die Gefahr von Cyberattacken ernst nehmen
- ○ Die Meldepflicht bei Sicherheitsvorfällen kennen
- ○ Ein einfaches Berechtigungsmanagement einführen
- ○ Die Möglichkeiten der Protokollierung ausschöpfen
- ○ Die angrenzenden Systeme ebenfalls sichern (u. a. Datenbank- und Mailserver)
- ○ Eine regelmäßige Überprüfung der Sicherheitsmaßnahmen durchführen
- ○ Auch die Mitarbeiter bzw. Kollegen sensibilisieren
- ○ Die Datenschutz-Risiken einschätzen lernen
- ○ Die notwendigen Sicherheitsupdates einspielen

5

Newsletter

Newsletter

Newsletter

5. Newsletter

Mikes Story

Mike findet die Möglichkeit, wichtige Unternehmensinformationen zu biosphere4yourLIFE direkt auf der Website anzubieten, schon ganz gut. Jedoch meint er, dass man die User gezielter ansprechen könnte. Mike möchte daher interessierten Personen einen Newsletter als Ergänzung zur Website anbieten. Mit dem Newsletter könnte er unkompliziert und zeitnah über verschiedenste Aktionen informieren und werben.

Rasch wird Mike klar, dass es auch hierfür eine Vielzahl an Anbietern am Markt gibt, die den Versand und die Verwaltung der Newsletter übernehmen könnten. Mike stellt sich die Frage, wie man ohne großen Aufwand ein solches Angebot in die eigene Website einbaut. Geht das so einfach oder gibt es rechtliche Fallstricke, die dem Unternehmen womöglich teuer zu stehen kommen?

Mike ist überrascht, als er erfährt, dass es beim Newsletter nicht nur um datenschutzrechtliche Fragen geht, sondern auch um Vorschriften zum unlauteren Wettbewerb. Er ist sehr verunsichert, da er vor Abmahnungen große Angst hat. Am besten fragt er bei seinen Experten nach, was er beim Newsletter-Angebot beachten muss.

#Rechtsvorschriften

152. Welche Vorschriften muss ich beim Newsletter-Versand beachten?

Neben den Vorschriften der DSGVO musst du bei deinem Newsletter-Angebot das UWG (Gesetz gegen den unlauteren Wettbewerb) beachten. Nach dem UWG können Newsletter nämlich eine „unzumutbare Belästigung" darstellen.

Kategorie: Recht
Fundort: Gesetz gegen den unlauteren Wettbewerb (UWG)

#UWG

153. Was hat das für Folgen, wenn mein Newsletter eine „unzumutbare Belästigung" nach dem UWG darstellt?

Ein Verstoß von dir gegen das UWG auf deiner Website kann abgemahnt werden. Eine Abmahnung ist immer mit hohen Kosten (min. 2000 €) verbunden, die definitiv vermeidbar sind.

Kategorie: Recht

#UWG

154. Ab wann wäre denn mein Newsletter eine „unzumutbare Belästigung"?

Das UWG erklärt den Begriff nur durch eine sogenannte Negativabgrenzung. Keine „unzumutbare Belästigung" ist es, wenn gleichzeitig folgende Voraussetzungen erfüllt sind:

1. Ein Unternehmer hat die E-Mail-Adresse des Kunden im Zusammenhang mit dem Verkauf einer Ware oder Dienstleistung erhalten
2. Der Unternehmer verwendet diese E-Mail-Adresse zur Direktwerbung für eigene ähnliche Waren oder Dienstleistungen
3. Der Kunde hat dem Newsletter-Versand nicht widersprochen und wurde auf das Recht zum Widerspruch hingewiesen

Das bedeutet nun aber nicht, dass man erst nach einem Kauf Newsletter versenden darf. Ein Nutzer kann natürlich ohne getätigten Kauf deinen Newsletter abonnieren. Liegen die oben genannten Voraussetzungen jedoch nicht vor, brauchst du dafür auf jeden Fall die Einwilligung.

Kategorie: Recht
Fundort: § 7 UWG

#Bestandskunden

155. Darf ich also auch nach der DSGVO die E-Mail-Adressen meiner Kunden für Werbung verwenden?

Ja. E-Mail-Adressen, die du unmittelbar vom User im Rahmen einer Geschäftsbeziehung erhoben hast, kannst du grundsätzlich für den Newsletter-Versand verwenden – ganz ohne Einwilligung. Hier liegen in der Regel die Voraussetzungen für einen zulässigen Newsletter-Versand gem. § 7 UWG vor. Der Nutzer muss aber darüber in deiner Datenschutzerklärung informiert werden.

Kategorie: Recht

#Einwilligung

156. Was gilt, wenn sich jemand, der noch kein Bestandskunde ist, auf meiner Website für den Newsletter anmelden will oder ich die E-Mail-Adresse über andere Wege, wie z. B. das Kontaktformular, erhalten habe?

Liegen die genannten Voraussetzungen nicht vor, muss vorab immer eine Einwilligung eingeholt werden. Dies gilt sowohl bei interessierten Kunden, die den Newsletter einfach abonnieren wollen, als auch bei solchen Nutzern, die Anfragen über das Kontaktformular geschickt haben oder deren E-Mail-Adressen du anderweitig erhalten hast.

Kategorie: Recht

#Double Opt-In

157. Wie hole ich die Einwilligung des Nutzers ein, wenn dieser einen Newsletter einhalten möchte?

Meldet sich der User für den Newsletter an, muss von dir sichergestellt werden, dass es sich auch tatsächlich um den Inhaber der E-Mail-Adresse handelt. Ansonsten könnte man ja beliebige fremde E-Mail-Adressen für den Newsletter anmelden. Das wäre ein Problem für dich, da dir die DSGVO vorschreibt, dass du jederzeit die Einwilligung des Nutzers nachweisen können musst. Aus diesem Grund hat sich in der Praxis ein spezielles Einwilligungsverfahren bei Newslettern etabliert: Das Double-Opt-In-Verfahren. Wir empfehlen dir, dieses Verfahren in bewährter Form zu übernehmen.

Kategorie: Recht

#Double Opt-In

158. Wie funktioniert das Double-Opt-In bei Newslettern?

Ganz einfach: Zunächst meldet sich der Nutzer für deinen Newsletter an, in dem er aktiv seine E-Mail-Adresse in das Formularfeld auf deiner Website einträgt (das erste Opt-In). Der Nutzer sollte dabei grob wissen, für was er sich einträgt – du beschreibst also kurz den Newsletter, den du dort anbietest (z. B. „Wöchentlicher Newsletter zu unseren neuen Online-Produkten"). Dann sollte an die vom Nutzer angegebene E-Mail-Adresse eine Bestätigungsmail geschickt werden. In der Bestätigungsmail ist ein personalisierter Link enthalten, den der User anklicken muss. Erst nachdem der Bestätigungslink angeklickt wurde und er dadurch explizit einwilligt (das zweite Opt-In), darfst du mit dem Newsletter-Versand beginnen.

Kategorie: Recht

#Double Opt-In

159. Wie lange muss ich den Nachweis für das Double-Opt-In aufbewahren?

Da die DSGVO von dir verlangt, dass du jederzeit den Nachweis für die Einwilligung der betroffenen Personen nachweisen musst, heißt das, dass du beim Double-Opt-In zunächst die aktiven Handlungen des Nutzers mit einem Zeitstempel speichern musst. In einer Datenbank, die die meisten Newsletter-Tools sowieso anbieten, ist dann festgehalten, wann der Nutzer seine E-Mail-Adresse auf deiner Website eingetragen und wann er den Bestätigungslink per E-Mail aktiviert hat. Für dich ist es wichtig, dass du dies bei einer Beschwerde oder im Streitfall auch wirklich nachweisen kannst, da ansonsten Sanktionen drohen. Sollte sich der Nutzer aus dem Newsletter austragen, so ist sein Datensatz samt Nachweis für das Double-Opt-In vollständig zu löschen.

Tipp! Also merke dir: Solange der Nutzer den Newsletter empfängt, benötigst du diesen Nachweis zwingend.

Kategorie: Recht

#Double Opt-In

160. Wie weise ich im Streitfall nach, dass ein Nutzer das Double Opt-In abgegeben hat?

Wir empfehlen dir, in der Newsletter-Datenbank für den Einwilligungsnachweis folgende Daten des Nutzers abzulegen: E-Mail-Adresse, Datum und Uhrzeit bei Eintragung im Formular, IP-Adresse des Website-Besuchers (der die E-Mail-Adresse eingegeben hat), Datum und Uhrzeit des Klicks in der E-Mail zur Bestätigung. Darüber hinaus solltest du notfalls die Formulierungen zur Einwilligung vorlegen können, also wie das Newsletter-Feld auf der Website und wie die E-Mail zur Bestätigung ausgesehen haben. Mehr verlangen Gerichte in einem Streitfall normalerweise nicht als Nachweis.

Kategorie: Sicherheit

#ePrivacy-VO

161. Wird die ePrivacy-VO auch Regelungen zum Direktmarketing enthalten?

Ja, Regelungen zum Direktmarketing wird es geben. Die gute Nachricht für dich ist dabei: Die bisherigen Entwürfe zur ePrivacy-VO sehen hier keine wesentlichen Änderungen zur bestehenden Rechtslage vor. Wir erwarten daher, dass sich für dich kaum etwas ändern wird.

Du benötigst also weiterhin eine Einwilligung, es sei denn, es handelt sich um Bestandskunden.

Kategorie: Recht

#Auftragsverarbeitung

162. Benötige ich einen besonderen Vertrag, falls ich einen Dienstleister für den Newsletter-Versand einsetze?

Ja, in der Regel handelt es sich auch hier um eine klassische Auftragsverarbeitung, sodass du einen Vertrag über die Auftragsverarbeitung abschließen musst. Weitere vertragliche Regelungen sind aus Datenschutzsicht nicht erforderlich.

Kategorie: Recht

#Auftragsverarbeitung

163. Woher bekomme ich einen solchen Auftragsverarbeitungsvertrag?

Dienstleister, die mit personenbezogenen Daten im Auftrag von Unternehmen umgehen, bieten häufig online ein entsprechendes Vertragsmuster zum Herunterladen an. Lies dir das Dokument gut durch und prüfe, ob a) du mit den darin enthaltenen Bedingungen einverstanden bist und b) ob der Auftragsverarbeitungsvertrag auch den Vorgaben der DSGVO entspricht (z. B. keine pauschale Angaben von technischen Maßnahmen, sondern Nennung konkreter Sicherheitsmaßnahmen zum Schutz personenbezogener Daten).

Tipp! Um dich vor Bußgelder zu schützen, müssen die Maßnahmen zur Datensicherheit spezifisch im Vertrag festgelegt werden. Aufsichtsbehörden haben in der Vergangenheit gegen Unternehmen, bei denen das nicht der Fall war, schon nach altem Recht Geldbußen in fünfstelliger Höhe festgesetzt.

Kategorie: Recht

#Privacy-Shield

164. Ich habe einen Newsletter-Dienstleister, der in den USA niedergelassen ist – ist das ein Problem?

Nein. Wie wir es dir bereits beim Thema Tracking kurz erklärt haben, besitzen viele Dienstleister eine EU-U.S.-Privacy-Shield-Zertifizierung. Mit dieser ist die Datenübermittlung in die USA kein Problem. Prüfe also, ob der von dir für den Newsletter-Versand ausgesuchte Anbieter über eine aktuelle und damit gültige Zertifizierung verfügt (www.privacyshield.gov/list).

Kategorie: Recht

#Privacy-Shield

165. Darf ich dann also auch einen Newsletter-Dienstleister wie MailChimp einsetzen?

Ja, das darfst du. MailChimp ist auf der offizielle Liste der Unternehmen zu finden, die eine EU-U.S.-Privacy Shield Zertifizierung besitzen. Du musst aber natürlich trotzdem das Double-Opt-In-Verfahren anwenden und in deiner Datenschutzerklärung darüber informieren, dass du MailChimp einsetzt und dass dabei Daten der User in die USA als Drittland übermittelt werden.

Tipp! Es gibt zu diesem Dienst auch europäische Alternativen wie CleverReach, die du problemlos einsetzen kannst.

Kategorie: Recht

#Datenschutzerklärung

166. Kann ich bei dem Newsletter auf die allgemeine Datenschutzerklärung meiner Website verweisen?

Grundsätzlich ja, aber unter der Voraussetzung, dass in der Datenschutzerklärung der Website auch dort das Kapitel „Newsletter“ ausreichend beschrieben ist. Zu allgemeine Verweise, die nur pauschale Floskeln enthalten, genügen nicht. Berücksichtige also unsere Tipps zur Datenschutzerklärung, in dem du auch über deinen Newsletter präzise und verständlich informierst.

Kategorie: Information

#Zweck

167. Wie präzise muss ich denn den Zweck des Newsletters benennen?

Die Funktion von Newslettern ist vielen Webnutzern vertraut. Von daher musst du keinen ausschweifenden Roman verfassen, sondern den Zweck klar benennen. Ausreichend ist unserer Meinung nach beispielsweise folgender Hinweis: „Wir setzen das Tool MailChimp ein, um unseren Newsletter zu versenden und unsere Abonnenten dadurch über wichtige und interessante Angebote sowie Produktneuheiten zu informieren […].“

Kategorie: Information

#Datenschutzerklärung

168. Kann ich auf die Datenschutzerklärung meines Newsletter-Dienstleisters verweisen?

Nein, eine Verlinkung auf fremde Websites ist allein nicht ausreichend. In der eigenen Datenschutzerklärung müssen für jeden Dienst sämtliche Anforderungen gem. Art. 13 DSGVO erfüllt sein. Häufig bieten die Newsletter-Anbieter vorgefertigte Textbausteine an, die du meist ohne Weiteres verwenden kannst.

Kategorie: Information

#Newsletter

169. Wie muss ich die Abbestellmöglichkeit des Newsletters für den rechtskonformen Widerruf ausgestalten?

Falls du einen Dienstleister für den Newsletter-Versand einsetzt, musst du dich in der Regel um nichts kümmern, da dies eine Standardleistung des Anbieters ist. Organisierst du den Newsletter-Versand jedoch eigenständig, musst du selbst sicherstellen, dass in jedem Newsletter ein funktionierender Abmelde-Link vorhanden ist. Klickt ein Nutzer darauf, so wird er auf eine Abmeldeseite geführt, auf welcher der Widerruf durchgeführt und bestätigt werden kann. Die Newsletter-Abmeldung eines Nutzers musst du selbstverständlich künftig berücksichtigen. Hierzu darfst du, falls es für dich organisatorisch oder technisch erforderlich ist, sogenannte Sperrlisten (Blacklists) führen, in die nur die E-Mail-Adressen aufgenommen werden, die keinen Newsletter mehr erhalten sollen.

Kategorie: Information

#Newsletter-Tracking

170. Was ist zu beachten, wenn ich wissen möchte, wie viele Abonnenten meinen Newsletter lesen und auf Links klicken?

Das, was du dir wünschst, ist unter dem Begriff „Newsletter-Tracking“ geläufig. Beim Newsletter-Tracking musst du zwei Varianten unterscheiden:

1. Wird nur die Öffnungs- und Klickrate erfasst, ist dies nach Art. 6 Abs. 1 lit. f) DSGVO zulässig, weshalb das reine Double-Opt-In ausreicht. Der

Nutzer muss dann darüber in deiner Datenschutzerklärung informiert werden.

2. Soll zusätzlich das weitere Nutzerverhalten nachverfolgt werden, also welche Aktionen der Nutzer dann noch auf deiner Website ausführt, so muss eine zusätzliche Einwilligung eingeholt werden. In diesem Fall reicht also nicht nur das bewährte Double-Opt-In, sondern du brauchst quasi ein „Triple-Opt-In“. Dieser Begriff ist in der Praxis übrigens nicht verbreitet und wird gerade außerhalb der Datenschutzwelt eher aus Marketingzwecken verwendet, um personalisierte Newsletter-Werbung zu schalten.

Wird das Nutzungsverhalten des Users von der Werbung bis hin zur Bestellung bzw. der Kauf eines Produktes auf deiner Website systematisch getrackt, spricht man in der Praxis auch vom „Customer Journey Tracking“. Dort gilt für dich als Verantwortlicher wie oben erwähnt das maximale Gebot an Information, Transparenz und Einwilligung.

Kategorie: Recht
Fundort: Art. 6 Abs. 1 lit. a) DSGVO; Art. 6 Abs. 1 lit. f) DSGVO

#Datenhaltung

171. Muss ich die Nutzerdaten für den Newsletter von anderen Datensätzen trennen?

Ja, nicht nur aus Gründen der Sicherheit ist das ratsam. Reicherst du bestehende Nutzer-Stammdaten mit weiteren Informationen wie z. B. aus Newslettern oder Tracking-Tools an, benötigst du u. a. eine Einwilligung. Um dieses

Problem zu umgehen, trennst du besser die Datensätze.

Kategorie: Recht

#Betroffenenrechte

172. Welche Betroffenenrechte kommen beim Newsletter in Betracht?

In jedem Fall muss dem Nutzer ein Opt-Out-Verfahren zur Verfügung stehen. Das Opt-Out-Verfahren muss in jedem Newsletter enthalten sein, d. h. nicht nur in der ersten Werbemail an den User. Idealerweise befindet sich im Footer der E-Mail ein deutlich erkennbarer Link zur Abmeldung. Um zu verhindern, dass keine Newsletter mehr an Nutzer versendet werden, die kein Interesse mehr daran haben und das Opt-Out aktiviert haben, darfst du eine Blacklist mit den betroffenen E-Mail-Adressen führen.

Kategorie: Nutzer

#Blacklist

173. Darf ich eine vom Newsletter abgemeldete E-Mail-Adresse noch auf meiner Blacklist führen, wenn der Nutzer der E-Mail-Adresse seine Datenlöschung bei mir fordert?

Ja, anders lässt sich die Abmeldung vom Newsletter in vielen Tools leider nicht umsetzen. Du hast also in diesen Fällen das Recht, die E-Mail-Adresse des abgemeldeten Users in einer Blacklist zu speichern, damit du ausschließen kannst, dass an diese Mail-Adresse Werbung gesendet wird.

Kategorie: Nutzer

#Werbung

174. Kann ich als Alternative oder Ergänzung meines Newsletters in Suchmaschinen für die eigene Website werben?

Ja, selbstverständlich. Schaltest du Werbeanzeigen auf anderen Sites, z. B. bei Suchmaschinen wie Google, hast du datenschutzrechtlich dafür selbst keine Maßnahmen zu ergreifen. Welche Daten des Users beim Klicken der Werbeanzeige verarbeitet werden, ist Sache der Site, auf der die Werbung eingebunden ist. Große Anbieter, die Werbeflächen verkaufen, sind sich dieser Verantwortung bewusst und kümmern sich um den notwendigen datenschutzrechtlichen Rahmen.

Kategorie: Recht

#ePrivacy-VO

175. Welchen Einfluss wird die ePrivacy-VO auf meinen Newsletter haben?

Wir haben dir bereits erklärt, dass sich die wesentlichen Regelungen zum Newsletter nicht nur aus der DSGVO ergeben, sondern auch aus dem UWG. Das UWG ist eine Umsetzung der ePrivacy-Richtlinie. Das bedeutet, dass das UWG im Wesentlichen europäisches Recht ist. Nun die gute Nachricht für dich: Die Regelungen des UWG entsprechen weitestgehend denen, die in den Entwürfen zur ePrivacy-VO enthalten sind. Somit ändert sich bezüglich deines Newsletters auf Grund der ePrivacy-VO nichts. Du benötigst also auch künftig in den allermeisten Fällen eine Einwilligung.

Tipp: Falls du einen Dienstleister mit der Verwaltung der Newsletter beauftragt hast, musst du dich um nichts Spezielles kümmern. Die beauftragten Dienstleister sind in der Pflicht, alle relevanten Anforderungen der ePrivacy-VO für deinen Newsletter umzusetzen. Daher werden sie das Gesetzgebungsverfahren zur ePrivacy-VO sehr genau verfolgen und ihre Dienste schnellstmöglich – im eigenen Interesse – an die neuen Anforderungen der ePrivacy-VO anpassen.

Kategorie: Recht

Checkliste: **Newsletter**

✓ Recht

- ○ Auch das UWG beim Newsletter berücksichtigen
- ○ Eine Einwilligung des Nutzers einholen
- ○ Das Double-Opt-In-Verfahren verwenden
- ○ Bei Bedarf einen Auftragsverarbeitungsvertag mit dem Dienstleister abschließen
- ○ Das EU-U.S.-Privacy Shield beachten

✓ Information

- ○ Über das Newsletter-Verfahren informieren
- ○ Auf das Recht zum Widerruf/Widerspruch hinweisen

✓ Nutzer

- ○ Die Abbestellmöglichkeit für den Nutzer anbieten
- ○ Eine Blacklist für ausgetragene E-Mail-Adressen einrichten (nur falls erforderlich)

✓ Sicherheit

- ○ Double-Opt-In technisch als Nachweis sichern
- ○ Newsletter-Daten von anderen Daten der Nutzer trennen

6

Social Media

Social Media

Social Media

6. Social Media

Mikes Story

Mike vergleicht die Website von biosphere4yourLIFE mit anderen der Branche. Ihm fällt auf, dass die meisten Sites gleich auf der Startseite über Verlinkungen zu sozialen Netzwerken verfügen. Dies wirkt zum einen optisch ganz hübsch, findet Mike, zum anderen aber ist es wohl auch ziemlich praktisch, da man dadurch die eigenen Produkte noch besser vermarkten kann. Warum machen wir das nicht, meint Mike – schließlich verfügt das Unternehmen biosphere4yourLIFE bereits über diverse Seiten bei entsprechenden sozialen Anbietern wie Instagram, Twitter und Facebook.

Mike liest sich etwas in die Thematik ein und merkt, dass es technisch ziemlich leicht für ihn sein wird, die dazugehörigen Buttons und Inhalte der Netzwerke in die eigene Website zu integrieren, schließlich bieten diese allesamt verständliche Anleitungen und Schnittstellen an. Doch gerade bei der Einbindung von Facebook wird er vorsichtiger: Hierzu hatte er erst kürzlich Negatives in der Presse gelesen – gab es da nicht sogar ein Bußgeldverfahren wegen Datenschutzverstößen? Mike wird zögerlich und beschließt, sicherheitshalber sein Expertenteam zu befragen.

#Social Plugins

176. Darf ich Social Plugins von Facebook, Twitter, Google+, Instagram und Co. auf meiner Website einsetzen?

Ja, Social Plugins dürfen eingebunden werden, wenn du folgende Anforderung erfüllst: Die Social Plugins müssen zunächst passiv, d. h. inaktiv auf deiner Website platziert werden. Erst mit einem Klick durch den User werden diese aktiviert, so dass erst dann die Daten an die Social Media Plattformen übertragen werden.

Das bedeutet also im Umkehrschluss: Bindest du Tweets und Postings ohne Weiteres direkt in deine Website ein, begehst du einen bußgeldbewehrten Datenschutzverstoß – also ist Vorsicht geboten.

Kategorie: Recht

#Social Plugins

177. Wieso müssen die Social Plugins auf meiner Website zunächst deaktiviert werden?

Sind die Social Plugins direkt eingebunden, wird beim Laden deiner Website eine direkte Verbindung zur jeweiligen Social Media-Plattform (Beispiel: Facebook) hergestellt. Facebook kann dadurch ganz leicht viele Informationen über den User direkt sammeln und auf diese Weise das Nutzungsverhalten auswerten, also auch, wenn der User das Social Plugin gar nicht nutzen möchte. Dies ist eine Form von Tracking und funktioniert selbst dann, wenn der User nicht auf Facebook registriert oder angemeldet ist. Um dieses Tracking zu verhindern, müssen die Social Plugins auf deiner Website zunächst deaktiviert werden. Berücksichtigst du diesen Ratschlag nicht, bedeutet das im Zweifel, dass ein Datenschutzverstoß vorliegt, den die Nutzer selbst leicht nachvollziehen können, was eine Beschwerde wahrscheinlicher macht und mit einem Bußgeld geahndet werden kann.

Kategorie: Recht

#Social Plugins

178. Wie kann ich die Social Plugins datenschutzkonform einsetzen?

Du musst, wie alle anderen Website-Betreiber in der EU, das Rad nicht neu erfinden: In der Praxis hat sich die sogenannte „Zwei-Klick-Lösung" des Heise-Verlags bewährt. Diese Lösung wird übrigens auch von den Aufsichtsbehörden akzeptiert. Konkret bietet diese eine einfache und praktikable Umgehung des Problems der sofortigen „Scharfschaltung" der Plugins an, indem die Plugins per Default inaktiv sind und zunächst keinerlei Daten übertragen.

Tipp! Wir empfehlen dir, bei Bedarf nach dieser vorhandenen Lösung – die wir übrigens selbst sehr gut finden – im Web zu suchen und darauf zurückzugreifen. Viele Websites verwenden diesen Ansatz, der den Webmastern völlige Gestaltungsfreiheit hinsichtlich der Design-Umsetzung lässt.

Kategorie: Recht

#Social Plugins

179. Darf ich beliebige Social Plugins einsetzen oder ist dies abhängig von bestimmten Voraussetzungen?

Die Social Plugins unterscheiden sich gewöhnlich in technischer Hinsicht nicht wesentlich voneinander. Es können also sämtliche Social Plugins von dir eingebunden werden – vorausgesetzt, sie sind zunächst deaktiviert. Damit du auf der sicheren Seite bist, solltest du dich aber nicht nur auf die Anbieterinformationen des jeweiligen Plugins verlassen, sondern kurz im Web dazu recherchieren: Vielleicht haben andere Nutzer Erfahrungsberichte dazu veröffentlicht. Und möglicherweise findest du sogar eine offizielle Bewertung durch eine Datenschutzaufsichtsbehörde.

Kategorie: Recht

#Datenschutzerklärung

180. Muss ich die verwendeten Social Plugins in der Datenschutzerklärung aufführen?

Ja, über die eingebunden Social Plugins musst du auf jeden Fall informieren. Dabei ist jedes Social Network separat zu nennen. Da du aber nicht der einzige Website-Betreiber bist, der diese Verpflichtung hat, existieren viele gute Vorlagen für das jeweilige Plugin, die du meist problemlos nutzen kannst. Manchmal bietet sogar der Anbieter des sozialen Netzwerks selbst Hilfe an, welche Formulierungen man für eine datenschutzrechtlich geeignete Weise treffen sollte. Informiere dich also bevor du den Aufwand betreibst, selbst den Text zu verfassen.

Kategorie: Information

#Betroffenenrechte

181. Wirkt sich der Einsatz von Social Plugins auf die Betroffenenrechte der Nutzer meiner Website aus?

Ja. Immer dann, wenn zusätzliche Daten vom Nutzer erhoben werden, sind auch die Betroffenenrechte unmittelbar von dir zu beachten.

Als Website-Betreiber musst du sicherstellen, dass der Share- oder Like-Button (oder wie auch immer das Social Plugin genannt wird) jederzeit vom Nutzer nach Aktivierung wieder deaktiviert werden kann. Dadurch bietest du die benötigte Option zum Widerruf der Einwilligung (Opt-Out) an, eines der wesentlichen Betroffenenrechten. Für die konkrete Umsetzung des Opt-Outs auf deiner Website kannst du z. B. Cookies verwenden.

Tipp! Beachte, dass der Anbieter des jeweiligen Social Plugins, wie z. B. Facebook, nicht allein für die Datenverarbeitung verantwortlich ist. Nach der aktuellen Rechtsprechung des Europäischen Gerichtshofs (EuGH) bist du mit dem Anbieter des Social Plugins gemeinsam verantwortlich, wenn du dieses in deine Website einbindest.

Kategorie: Nutzer

#Facebook Connect

182. Kann ich Facebook Connect oder ein anderes Login-Verfahren von Dritten verwenden?

Ja – aber nur, wenn du vorab eine Einwilligung vom Nutzer einholst. Bindest du einen Login eines Dritten wie beispielsweise Facebook ein, so erhältst schließlich nicht nur du als Website-Betreiber die Registrierungsdaten der User. Auch der Login-Anbieter (im Beispiel: Facebook) erhält die Information, dass ein Nutzer sich auf deiner Website einloggt.

Kategorie: Recht

#Einwilligung

183. Wie kann ich für Facebook Connect (oder ein anderes Login-Verfahren von Social Media-Anbietern) eine Einwilligung des Nutzers einholen?

Eine Einwilligung kannst du ähnlich wie bei der „Zwei-Klick-Lösung“ bei Social Plugins einholen. Bevor der Nutzer seine Login-Daten auf deiner Website in dem Bereich des fremden Logins (z. B. Facebook Connect) eingibt und auf den Anmelden-Button klickt, sollte er dir mit seinem ersten Klick zunächst bestätigen, dass er mit dem Datenaustausch einverstanden ist. Natürlich kannst du auch durch eine Checkbox ein „Einverstanden“-Häkchen vom Nutzer fordern, bevor der fremde Login-Button wie beispielsweise „via Facebook anmelden“ überhaupt aktiviert wird.

Kategorie: Recht

#Facebook Custom Audience

184. Was ist Facebook Custom Audience?

Facebook Custom Audience ist ein mächtiges Werkzeug, mit dem du zielgruppenorientierte Werbekampagnen auf Facebook starten kannst. Hier halten wir zuerst einmal fest, dass es bei Facebook Custom Audience verschiedene Varianten gibt:

- Über deine Kundenliste
- Über das Pixelverfahren

Bei „Facebook Custom Audience über deine Kundenliste" lädst du als Website-Betreiber eine Liste mit E-Mail-Adressen und weiteren Kundendaten (z. B. Telefonnummern) hoch. Anschließend gleicht Facebook diese Liste, die zuvor gehasht wird, mit Facebook-Nutzern ab, um deine gebuchten Werbekampagnen auf Facebook selbst auszuspielen. Die betroffenen Facebook-Nutzer erhalten also in Facebook Werbeanzeigen zu deiner Website.

Beim Verfahren über das Facebook-Pixel wird ein unsichtbares Pixel (Bildpunkt) irgendwo auf deiner Website eingebunden. Dadurch kann das gesamte Online-Verhalten des Nutzers durch Facebook verfolgt werden. Bei jeder Aktion des Nutzers auf deiner Website werden automatisch Nutzungsdaten an Facebook übertragen. Diese Informationen wiederum ermöglichen es dir, auf Facebook gezielt Nutzer anzusprechen, die auf deiner Website bestimmte Aktionen ausgeführt oder ausgewählte Produkte angesehen haben. Ein typischer Abwendungsfall sieht so aus:

> Ein Nutzer interessiert sich in einem Online-Shop für das neueste iPhone und legt das Produkt in den Warenkorb. Der Bestellvorgang wird aber nicht abgeschlossen, weil der Nutzer in anderen Online-Shops nach einem günstigeren Preis stöbern möchte. Bricht der Nutzer den Bestellvorgang ab, wird diese Information direkt an Facebook übertragen. Der Betreiber des Online-Shops möchte natürlich den potentiellen Kunden zurückgewinnen und das iPhone schließlich an den Kunden verkaufen. Der Nutzer erhält deshalb über Facebook Werbung des zuvor angesehenen iPhones, vielleicht sogar zu einem günstigeren Preis als vorher und wird so auf den Online-Shop zurückgeführt. Wenn der Plan aufgeht, kauft der Kunde das iPhone tatsächlich bei dem Online-Shop.

Die Technik des Pixel-Verfahrens ist dabei übrigens keine Facebook-Erfindung, sondern wird in ähnlicher Weise von zahlreichen anderen Tracking-Anbietern ebenso zur Verfügung gestellt.

Kategorie: Recht

#Facebook Custom Audience

185. Darf ich Facebook Custom Audience einsetzen?

Bei beiden Varianten benötigst du die Einwilligung des Nutzers. Wie auch bei Google Analytics verlangt Facebook von dir, dass du vorab eine Einwilligung des Nutzers einholst. Das schreibt Facebook in den Nutzungsbedingungen zum

Dienst Custom Audience vor. Aber auch ohne diese Bestimmung wärst du verpflichtet, den Nutzer vorher zu fragen.

Beide Varianten sind also klassische Tracking-Tools, sodass du die Datenverarbeitung nicht mehr auf die Interessenabwägung stützen kannst, sondern eine Einwilligung einholen musst.

Tipp! Erhältst du die E-Mail-Adresse des Users über seine Anmeldung zum Newsletter, benötigst du dafür ohnehin schon eine Einwilligung, weshalb es geschickt ist, gleichzeitig auch für Facebook Custom Audience eine Einwilligung einzuholen. Achte aber darauf, dass es sich nach wie vor um zwei verschiedene Einwilligungen handelt. Der User muss also vorab hinreichend über den Newsletter-Versand (1. Einwilligung) sowie über die weitere Datenverarbeitung für Werbezwecke mit Facebook (2. Einwilligung) informiert werden – und aktiv einwilligen. Dabei ist wie gewöhnlich auch auf die Widerrufmöglichkeit hinzuweisen.

Kategorie: Recht

#YouTube

186. Darf ich YouTube-Videos oder Filmdateien von anderen Plattformen wie Vimeo in meine Website einbinden?

Wenn du den HTML-Code für die Einbindung eines YouTube-Videos in der Standardeinstellung verwendest, werden beim Laden in der Regel zahlreiche Cookies auf dem

System des Users abgelegt. Diese Cookies sind u. a. dazu geeignet, den User zu tracken. Um das zu verhindern und Videos datenschutzkonform einzubinden, musst du bei YouTube die beiden nachfolgenden Punkte angehen:

- Aktiviere im Video den „erweiterten Datenschutzmodus“. Diesen Modus findest du beim Aufruf des einzubindenden YouTube-Videos unter „Teilen“ > “Einbetten“ >“Mehr anzeigen“. Bestätigst du das Auswahlkästchen, ändert sich der HTML-Code von www.youtube.com auf www.youtube-nocookie.com.
- Damit wirklich jeder ungewollte Datenverkehr auf deiner Website unterbleibt, muss auch hier wieder die „Zwei-Klick-Lösung“ her: Du kannst vom eigenen Webserver beispielsweise ein Vorschaubild laden lassen anstelle das Video direkt einzubinden. Der User sieht dann zunächst nur das Vorschaubild. Erst nach dem aktiven Anklicken wird das eigentliche Video von YouTube nachgeladen – und somit Daten an Google übertragen.

Wenn du andere Videoplattformen wie Vimeo einbinden möchtest, gilt grundsätzlich das Gleiche. Achte also darauf, welche personenbezogenen Daten des Nutzers verarbeitet werden und ob der Anbieter womöglich, ähnlich wie bei YouTube, selbst Hilfestellung für einen datenschutzgerechten Einsatz bewirbt.

Kategorie: Recht

#Social Plugins

187. Gibt es für mich auch aus Sicherheitsgründen etwas bei der Einbindung von Social Plugins und Videos zu beachten?

Ja. Selbst wenn die meisten Anbieter große Konzerne sind, heißt das nicht, dass jeder Code zum Social Plugin immer automatisch sicher ist. Da diese Unternehmen jedoch meist über größere IT-Abteilungen verfügen, kannst du zumindest davon ausgehen, dass grundsätzlich die verwendeten Zielserver sicher sind und durch Patches aktuell gehalten werden. Das größte Problem für dich ist aber, dass du (fremden) Code von Dritten auf deiner Website einbindest. Hier besteht deshalb die Gefahr, dass dadurch Datenverarbeitungen im Hintergrund deiner Website angestoßen werden, die man als Website-Betreiber entweder dann gar nicht kennt oder nicht möchte. Verwende also Social Plugins nicht „blind" auf deiner Website. Binde nur die ein, die du wirklich benötigst. Bei diesen solltest du dir als Webmaster den geladenen Code genauer ansehen und durch Netzwerkanalysen prüfen, was bei der Verwendung des Plugins auf deiner Website tatsächlich vor sich geht.

Kategorie: Sicherheit

#ePrivacy-VO

188. Was ändert sich für mich beim Einsatz von Social Media nach der ePrivacy-VO?

Wir haben dir erklärt, dass du bereits nach der DSGVO verpflichtet bist, vorab eine Einwilligung einzuholen, wenn du Social Plugins, Pixel-Verfahren oder einen Login über Social Media einbindest. All diese Tools sind grundsätzlich geeignet, den Nutzer online zu verfolgen und ein umfangreiches Profil über ihn zu erstellen. Aus diesem Grund gibt es bei Social Media viele Gemeinsamkeiten zum Thema Tracking.

Auch wenn die Möglichkeiten zum Tracking bei der ePrivacy-VO noch umstritten sind und die rechtlichen Voraussetzungen noch nicht feststehen, so ist eines gewiss: Die Anforderungen nach der ePrivacy-VO werden in keinem Fall lockerer werden als die der DSGVO. Das heißt im Klartext, dass du auch nach der ePrivacy-VO eine Einwilligung brauchst.

Kategorie: Recht

Checkliste: **Social Media**

Recht

- Die Social Plugins zunächst deaktiviert einbinden
- Die Zwei-Klick-Lösung für Plugins nutzen
- Die Einwilligung bei Bedarf einholen

Information

- Über die Social Plugins in der Datenschutzerklärung informieren
- Auf das Recht zum Widerspruch bzw. zum Widerruf hinweisen

Nutzer

- Dem Nutzer die Möglichkeit geben, selbst zu entscheiden, ob Daten an den Social Network-Anbieter fließen
- Das Widerrufsrecht zur Datenübertragung an Social Networks auch technisch umsetzen

Sicherheit

- Bei der Einbindung von Fremd-Code (Drittanbieter) aufpassen, dass nur sicherer und sauberer Code übernommen wird
- Regelmäßig prüfen, welche Daten des Nutzers durch die Plugins abgerufen werden

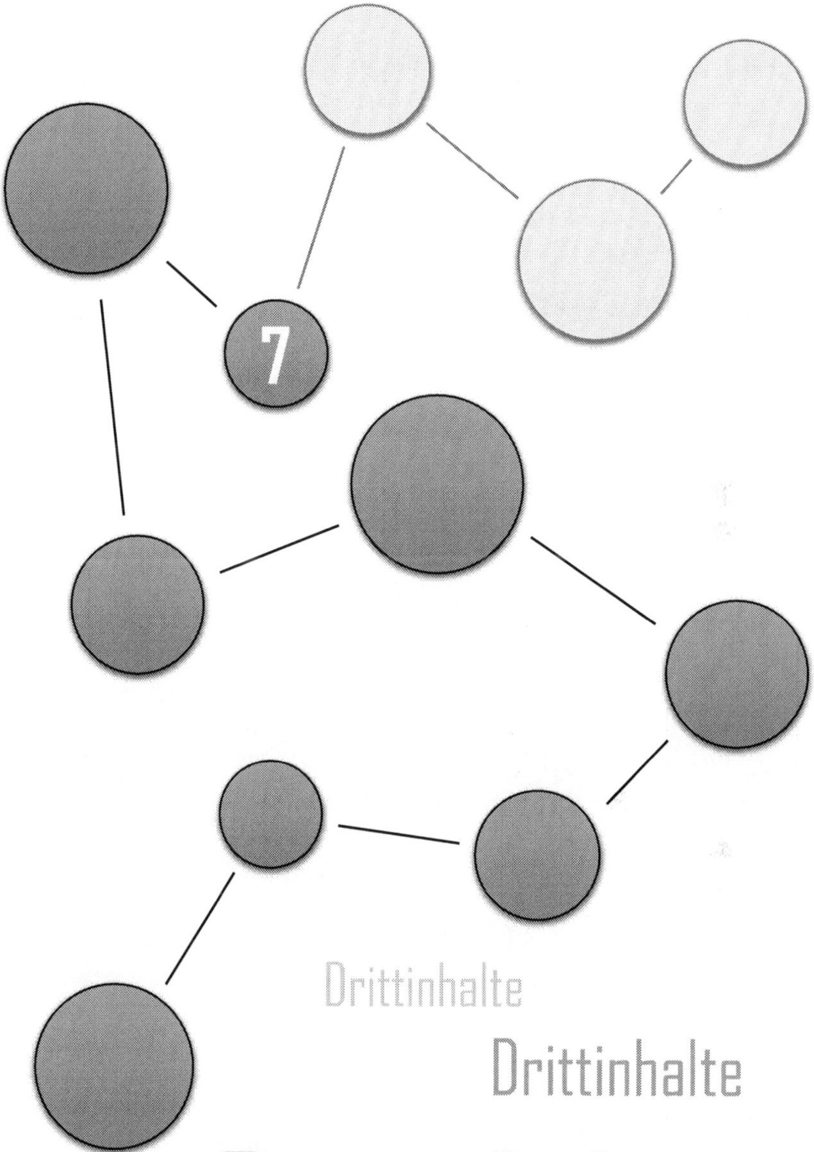

Drittinhalte

Drittinhalte

Drittinhalte

7. Drittinhalte

Mikes Story

Mike möchte die Website von biosphere4yourLIFE noch etwas schöner und sicherer gestalten. Warum nicht auf bestehende Standardkomponenten von Dritten zurückgreifen, schließlich gibt es neben den Social Plugins noch zahlreiche kostenfreie Tools und tolle Skripte, denkt er. Mike weiß jedoch, dass dabei personenbezogene Daten an Dritte fließen, und sei es nur die IP-Adressen der User. Mike schaut sich im Web um und findet einige Dienste, die er auf der Website nutzen möchte. Ob er diese einsetzen darf, und falls ja, unter welchen Voraussetzungen? Mike fragt bei seinen Datenschutzexperten nach.

#reCAPTCHA

189. Darf ich den bekannten Dienst Google reCAPTCHA verwenden, um Bots auszuschließen?

Ja. Auch wenn der Dienst an sich – rein funktionell gesehen – Klasse ist, um durch Mustererkennung Menschen von Maschinen zu unterscheiden und eine missbräuchliche automatisierte Ausnutzung von Formularen auf deiner Website zu unterbinden, wirft er doch einige datenschutzrechtliche Fragen auf. Das größte Problem ist, dass Google eigenverantwortlich eine Vielzahl von Daten erhebt und nicht transparent wird, um welche Daten es sich handelt und wie genau diese verarbeitet werden. Das sollte aber nicht deine Sorge sein, weil wir davon ausgehen, dass datenschutzrechtlich hier allein Google verantwortlich ist. Sollte sich diese Auffassung einmal ändern, werden die Aufsichtsbehörden darüber informieren. Bis dahin kannst du Google reCAPTCHA einsetzen. Beachte, dass du in der Datenschutzerklärung darüber informieren musst.

Kategorie: Recht

#Google Maps

190. Können Kartendienste wie Google Maps auf der eigenen Website eingebunden werden?

Bei Google Maps verhält es sich wie bei YouTube-Videos: Ruft der User deine Website auf, werden automatisch Daten von Google geladen, wodurch Google die entsprechenden Nutzungsdaten erhält. Anstelle einer direkten Einbindung von Google Maps solltest du entweder auf OpenStreetMap umsteigen (dort werden keine weiteren Datenverarbeitungen im Hintergrund angestoßen) oder wie bei dem YouTube-Video zunächst nur ein Vorschaubild auf die eingebundene Karte von deinem Webserver anzeigen – und erst nach einem zweiten Klick des Users den Kartendienst aktivieren und die Datenübertragung zum „fremden" Server beginnen.

Kategorie: Recht

#Webfonts

191. Ist es für mich zulässig, Schriftarten (Fonts) von anderen Servern für die eigene Website zu laden?

Wenn möglich sollten Schriftarten immer vom eigenen Webserver geladen werden. Geht das ausnahmsweise nicht, darfst du zwar Schriftarten von Dritten verwenden, musst dann aber in der Datenschutzerklärung darüber aufklären, dass du Schriftarten eines Dritten eingebunden hast und dass beim Laden der Schriftarten Nutzungsdaten vom Dritten verarbeitet werden. Wichtig ist, dass du auch wirklich nur die Schriftarten lädst und nicht unnötigerweise Daten des Nutzers als Paramater mitüberträgst.

Kategorie: Recht

#JavaScript

192. Darf ich fremde Skripte (z. B. JavaScript) auf meiner Website einbinden?

Ja. JavaScript ermöglicht es dir, mehr Logik auf die eigene Website zu bringen und dynamisch auf Usereingaben zu reagieren. Natürlich darfst du deshalb dabei fremde, nicht selbst geschriebene Skripte anderer Quellen einbinden. Bibliotheken mit unterschiedlichen Funktionen bieten nicht nur eine praktische Erweiterung der Features für eine Website, sondern werden in der Regel auch laufend weiterentwickelt und bei Bedarf gepatcht (d. h. Sicherheitslücken werden beseitigt). Bei der Wahl von externen Bibliotheken ist zu beachten, dass diese im Idealfall auf deinem eigenen Webserver gehostet werden, damit hier tatsächlich nur Änderungen in deinem Code vorgenommen werden, die du selbst veranlasst hast.

Da man mit JavaScript aber auch „gefährliche" Dinge treiben kann, wie z. B. dem Nutzer Malware unterzujubeln, sollten gerade fremde Skripte nicht blind, sondern nur geprüft und aus möglichst vertrauenswürdigen Quellen eingesetzt werden. Lies dir daher entsprechende Erfahrungsberichte und aktuelle Informationen zur jeweiligen Bibliothek gut durch, schließlich trägst du die Verantwortung für die Einbindung des Skripts.

Tipp! Oft gibt es Open Source Bibliotheken, bei denen man sehen kann, wie aktiv die Beteiligung der dazugehörigen Community ist. Dies kann für dich ein Anzeichen für „gute Qualität" sein, da dadurch Aktualisierungen und Neuerungen meist in kurzen Zeitabständen kommen und viele Entwickler darauf schauen, dass „alles passt".

Hast du diesen Status einmal erreicht, musst du dich danach nur noch um Updates kümmern, die in der Regel aber auch zu keinen Konflikten führen. Ordentliche Bibliotheken sind gut dokumentiert und enthalten Hinweise zum Hosting und zu Updates. Denke aber daran: Werden Nutzerdaten außerhalb deines Servers bei Dritten verarbeitet, benötigst du dafür wohl eine Einwilligung des Nutzers, sofern du keine andere Rechtsgrundlage findest (u. a. Interessenabwägung). Zudem ist dann ein entsprechender Hinweis zur Verarbeitung in deiner Datenschutzerklärung erforderlich.

Kategorie: Sicherheit

#Google AdSense

193. Ist die Verwendung von Google AdSense für mich zulässig?

Ja, du benötigst hierzu aber unbedingt eine Einwilligung vom Nutzer. Mit Google AdSense kann Werbung zielgruppenspezifisch auf Websites angezeigt werden. Sobald der User deine Website erstmalig aufruft und du keine speziellen Maßnahmen getroffen hast, beginnt die Datenverarbeitung durch Google für AdSense auf deiner Website. Folglich musst du die Einwilligung wie in unserem Muster über dein Consent-Banner gleich zu Beginn der Website einholen.

Kategorie: Recht

#Weitere Drittinhalte

194. Kann ich auch Drittinhalte wie SlideShare-Dateien oder Audio-Files von SoundCloud auf meiner Website einbinden?

Ja, technisch ist eine Einbindung (Embedding) einfach. Jedoch werden auch hier ähnlich wie bei der Verwendung von Google-, Facebook- oder Twitter-Code Aufrufe an die IP-Adressen der Server der jeweiligen Anbieter durchgeführt. Folglich kannst du diese Einbindung nur mit einer Einwilligung durchführen. Verwende dazu das Consent-Banner gleich beim erstmaligen Website-Aufruf.

Kategorie: Recht

#Werbung

195. Muss ich in der Datenschutzerklärung über Werbung bzw. den Einsatz von Werbediensten auf meiner Website informieren?

Sobald du externe Werbenetzwerke nutzt, musst du über deine Werbeaktivitäten informieren. Achte dabei aber darauf, dass du nicht zu pauschal informierst, sondern stattdessen jeden einzelnen Werbedienst, wie z. B. AdSense, benennst. Zudem hast du ein Opt-Out-Verfahren einzubinden, da durch den Werbedienst ein umfangreiches Profiling stattfindet. Kein Opt-Out benötigst du dagegen bei rein kontextbezogener Werbung, wenn keine Profile des Users erstellt werden. Prüfe also, was du tatsächlich im Einsatz hast. In der Datenschutzerklärung musst du trotzdem immer darüber informieren, da durch das Laden der Werbung bei einem Werbedienst automatisch Nutzungsdaten durch den Drittanbieter verarbeitet werden.

Kategorie: Information

#ePrivacy-VO

196. Welche Änderungen wird die ePrivacy-VO bei Drittinhalten bewirken?

Das Thema Drittinhalte hat einen engen Bezug zum Tracking: In technischer Sicht ist die Verwendung von Tracking-Tools mit der Einbindung von Videos oder sonstigen Elementen vergleichbar. In allen Fällen finden http-Requests zwischen dem Nutzer und dem Dienstanbieter statt. Der Dienstanbieter kann die Nutzungsdaten für eigene Zwecke verarbeiten und den Nutzer dadurch auch nachverfolgen.

Aufgrund der ungewissen Situation bezüglich der Zukunft von Tracking können wir dir beim Thema Drittinhalte erneut Folgendes raten:

- Beachte unsere Hinweise zur jetzigen Situation
- Verfolge das Gesetzgebungsverfahren und informiere dich auf den Websites der Aufsichtsbehörden.

Damit solltest du auf der sicheren Seite sein, auch wenn es zu Änderungen durch die ePrivacy-VO kommen sollte.

Kategorie: Recht

Checkliste: **Drittinhalte**

Recht

- Die Zwei-Klick-Lösung für Drittinhalte dort nutzen, wo es möglich und sinnvoll ist (z. B. bei Kartendiensten, nicht jedoch bei Schriftarten)

Information

- In der Datenschutzerklärung über alle Drittinhalte transparent und kompakt informieren

Nutzer

- Bei der Einbindung von Werbediensten auf die erforderliche Opt-Out-Möglichkeit für Nutzer achten

Sicherheit

- Bei der Einbindung von Fremd-Code (Drittanbieter) wie üblich aufpassen, dass nur sicherer Code übernommen wird

8

Online-Shop
Online-Shop

Online-Shop

8. Online-Shop

Mikes Story

Mike ist begeistert, die Website von biosphere4yourLIFE wirkt richtig modern und besitzt schon viele neue Features, passend zum Startup. Allerdings fragt er sich nach einiger Zeit, warum das Unternehmen eigentlich nur über Produkte auf der Website informiert und Bestellungen noch nicht direkt online durchführen lässt. Gerade von größeren Websites kennt Mike bereits gängige E-Commerce-Bestellprozesse. Mike ist der festen Überzeugung, das auch hinzubekommen, schließlich gibt es bestimmte Shop-Baukastensysteme, die er verwenden könnte. Mike bittet sein Expertenteam um Hilfe: Was muss datenschutzrechtlich berücksichtigt werden, wenn auf der Website noch ein eigener Online-Shop angeboten werden soll?

#Registrierung

197. Ist es für mich als Shop-Betreiber datenschutzrechtlich verpflichtend, eine Registrierung anzubieten oder gibt es alternative Bestellmöglichkeiten, z. B. für Besucher bzw. Gäste?

Für das Einkaufen im Online-Shop solltest du auch Gast-Bestellungen anbieten, DSGVO-konform versteht sich. In herkömmlichen Online-Shops besteht aber meist die Möglichkeit, ein Nutzerkonto einzurichten, mit dem der potentielle Kunde seine eigenen Daten verwalten kann. Das bietet dir den Vorteil, dass Nutzer dort mühelos wichtige personenbezogene Daten wie Passwörter, Bestellanschriften und

Zahlungsdaten an zentraler Stelle selbst ändern können. Gleichzeitig erleichtern solche Kundenkonten Rücksendungen von gekauften Waren (klassische Retouren). Datenschutzrechtlich erweist es sich dabei als günstig, dass im Kundenkonto viele weitere Details zur Datenverarbeitung geregelt werden können: Newsletter bestellen/abbestellen, Kaufhistorie einsehen bis hin zu wichtigen Datenschutz-Optionen wie Auskunftsersuchen und Datenportabilität, d. h. die Möglichkeit seine Daten im gängigen Format „mitzunehmen“.

Seit einiger Zeit bieten immer mehr Websites mit Shop-Funktion den Service für Nutzer an, ohne ein festes Kundenkonto zu bestellen. Klassische Registrierungs- und Verifizierungsprozesse, um zu prüfen, ob der Kunden tatsächlich der Kunde ist, für den er sich ausgibt, werden meist wegen des verschlankten Bestellvorgangs und der besseren User Experience nicht durchgeführt. E-Mail-Adressen müssen also nicht erst bestätigt werden, um online zu shoppen – es reicht eine einmalige Angabe. Aus diesem Grund wenden viele der Shop-Betreiber andere Verfahren an, um missbräuchliche Bestellungen durch Identitätsdiebstahl weitestgehend auszuschließen. Viele gültige Adressdatensätze samt E-Mail-Adressen werden von Kriminellen im Darknet kostengünstig für solche Online-Betrügereien verkauft, so dass es also für Shop-Betreiber durchaus legitim ist, eine Überprüfung „im Hintergrund“ durchzuführen. Schließlich ist eine missbräuchliche Verwendung weder in deinem Interesse noch im Interesse des geschädigten Nutzers ist: Für beide würde ein finanzieller Schaden entstehen. Sollte daher eine Überprüfung des Users durch dich als Shop-Betreiber oder von einem geeigneten Dienstleister durchgeführt werden, hast du datenschutzrechtlich etwas zu beachten: Der User ist von dir über die Verarbeitung in der Datenschutzerklärung zu informieren. Eine Einwilligung musst du aber nicht einholen, weil die Verarbeitung der Daten aufgrund des Kaufvertrags erfolgt bzw. du berechtigte Interessen vorweisen kannst.

Kategorie: Recht

#Passwort

198. Wie kann ich für die Kundenkonten meines Shops ein sicheres Passwortverfahren gestalten?

Ein sicheres Passwort ist das Fundament, um die personenbezogenen Daten im Account eines Users zu schützen. Neben der Art und Gestaltung des Passworts selbst gibt es jedoch weitere Faktoren, die für die Sicherheit eines Accounts rund um das Passwort entscheidend sind. Wir empfehlen dir daher dringend, alle folgenden Punkte zu berücksichtigen (keine Sorge, wir erklären sie dir dann ausführlich):

- Mindestanforderung an Länge und Komplexität des Passworts als Vorgabe durch den Website-Betreiber
- Hinweis auf die Passwortstärke für den User bei der Wahl des Passworts
- Geeignetes Verfahren zur Speicherung der Passwörter auf Serverseite
- Geeignetes Verfahren zum Passwort-Zurücksetzen

Darüber hinaus sollte mittlerweile für dich selbstverständlich sein, Passwörter bei der Eingabe des Users im verwendeten

Passwort-Feld zu maskieren (z. B. Sternchen anstelle von den tatsächlich eingetippten Zeichen). Bei aktuellen Browsern ist dies längst Standard, wenn der Typ Passwort (type=password) für das Input-Feld verwendet wird. Ziel dieser Maßnahme ist es, Shoulder-Surfing zu verhindern, d. h. dass dem Nutzer bei der Passworteingabe über die Schulter gesehen und das Passwort heimlich mitgelesen wird.

Kategorie: Sicherheit

#Passwort

199. Ab welcher Länge und Komplexität ist ein Passwort als sicher einzustufen?

Zunächst weisen wir darauf hin, dass die Antwort hierbei vor allem vom konkreten Speicherverfahren des Passworts abhängig ist (nach dem Motto „Was hilft ein super Passwort des Nutzers, wenn das Passwort unsicher auf dem Server abgelegt wird“). Auch macht es einen Unterschied, für welchen Einsatzweck du ein Passwort benötigst: Betreibst du einen Shop, bei dem Wanderbroschüren bestellt werden können, sind die Anforderungen etwas weniger streng als wenn User bei dir Erotikartikel erwerben können, da ja dann Rückschlüsse auf die Sexualpraktiken deiner Kunden möglich wären.

Trotzdem ist das Allerwichtigste bei einem guten Passwortverfahren, dass das Passwort des Nutzers ausreichend lang und komplex ist, damit ein potentieller Angreifer nicht einfach – trotz gutem Verschlüsselungsverfahren – das Passwort zurückrechnen kann. Ein sicheres Passwort ist unserer

Ansicht nach:

- Zwölf Zeichen (oder mehr) lang
- Enthält jeweils mindestens einen Großbuchstaben, einen Kleinbuchstaben, eine Zahl sowie ein Sonderzeichen

Das bedeutet für dich jedoch nicht, dass du von allen Usern eine Mindestpasswortlänge von zwölf Zeichen fordern musst. Viele User wollen nicht unbedingt so lange Passwörter – vielleicht weil sie sich diese nicht leicht merken können, oder weil sie womöglich zu bequem sind. Du kannst in diesen Fällen die Mindestlänge kleiner wählen, z. B. auf acht Zeichen setzen, je nach Einsatzzweck. Wichtig ist dann, dass die Stärke des Passworts bei der Auswahl des Passworts angezeigt wird.

Tipp! Wir empfehlen dir, Passwortbalken oder Passwortampeln zu verwenden, um dem User relativ verständlich zeigen, ob sein Passwort gut oder schlecht ist. Beachte dabei, dass eine Mindestlänge von sechs Zeichen das absolute Untermaß ist.

Kategorie: Sicherheit

#Passwort

200. Wie speichere ich Passwörter auf den Webserver am besten ab?

Keinesfalls im Klartext – das wird dir bestimmt einleuchten. Sollte ein Hacker oder eine andere unbefugte Person an die

Daten rankommen, wäre sofort ein hohes Gefährdungspotential bezüglich der missbräuchlichen Nutzung der Kundendaten gegeben. Aus diesem Grund muss auch aus Datenschutzsicht verpflichtend ein geeignetes Verschlüsselungsverfahren zum Ablegen der Passwörter gewählt werden. Welche Verfahren zeitgemäß sind, erfährst du auf der Website des BSI. Algorithmen wie MD5 und SHA-1 sind längst nicht mehr geeignet, da eine Rekonstruktion der Passwörter bei diesen Hashverfahren ohne besonders großen Aufwand möglich ist. Wird zudem kein Salt-Wert verwendet, um durch eine zufällig gewählte Zeichenfolge die Hashfunktion zu erweitern, droht das Szenario, dass Angreifer vorberechnete Tabellen (Rainbow Tables) verwenden und dort direkt die zurückgeführten Passwörter finden. Du wirst nicht glauben, wie schnell so etwas geht, aber mittlerweile kann man bereits über die Suchmaschine von Google bei Eingabe solcher Hashes (insb. MD5, SHA-1) das ursprüngliche Passwort des Nutzers erhalten, da die Wahrscheinlichkeit sehr groß ist, dass „jemand" dieses schon einmal berechnet und veröffentlicht hat.

Folglich ist es besser, von vornherein ein gutes Hashverfahren zu verwenden. Geeignete Verfahren sind:

- SHA-2 512, SHA-3 512
- SHA-2 384, RIPE-MD 320
- SHA-2 256, SHA-3 256, RIPE-MD 256
- bcrypt, PBKDF2

Mit diesen Verfahren können Passwörter im Normalfall nicht geknackt werden, wenn sie lang und komplex sind.

Kategorie: Sicherheit

#Passwort

201. Wie baue ich ein sicheres Passwort-Vergessen-Verfahren?

Hier empfiehlt es sich, dass du auf deiner Website eine Funktion zum Passwort-Reset anbietest. Wählt ein User die Funktion, so erhält er eine E-Mail, allerdings ohne das eigene Passwort im Klartext. Stattdessen bekommt er einen Link mit zeitlich stark begrenzter Gültigkeit, z. B. eine Stunde. In diesem Link ist ein nutzerspezifischer Token als Parameter eingebaut, also eine individuelle Kennung (meist eine wirre Zeichenfolge). Damit kann der User, sobald er darauf klickt, auf der Website ein neues Passwort vergeben. Weil sich dieses Verfahren als relativ sicher erwiesen hat, wird es bei vielen Shops erfolgreich eingesetzt.

Natürlich ist auch uns klar: Sobald ein Angreifer im Besitz der E-Mail-Adresse des Nutzers ist, wird es schwierig, die missbräuchliche Verwendung des dazugehörigen User-Accounts auf deiner Website zu verhindern. Möglich wäre dies beispielsweise mit einer weiteren Authentifizierung, z. B. eines Zusatzpassworts oder eines Codes per SMS (Zwei- oder Mehrfaktor-Authentifizierung). Aus unserer Sicht endet jedoch hier deine Verantwortungssphäre als Shop-Betreiber, da du schließlich nicht für die Sicherheit des E-Mail-Accounts des Nutzers verantwortlich bist.

Kategorie: Sicherheit

#Verschlüsselung

202. Wie schütze ich die Kundendaten meines Online-Shops beim Transport, d. h. während der Kunde einkauft?

Eine wesentliche Rolle spielt hierbei HTTPS. Wie schon in vorangegangenen Antworten erläutert ist HTTPS das geeignete Mittel, um zumindest den Transportweg ausreichend sicher zu gestalten. Eine richtige, zeitgemäße Implementierung ist hier also die Vorgabe für dich (u. a. TLS 1.3).

Da der User beim Shoppen über mehrere deiner Seiten surft, ist es ebenso wichtig, eine sichere „Session“ für ihn zu gestalten. Über Cookies mit begrenzter zeitlicher Gültigkeit kannst du den User identifizieren, damit Waren, die in den Einkaufswagen gelegt werden, nicht zwischenzeitlich „verloren“ gehen. Technisch funktioniert das einwandfrei – rechtlich bedeutet das aber wiederum, dass über den Einsatz dieser Cookies informiert werden muss.

Kategorie: Sicherheit

#Cookies

203. Darf ich Cookies bei meinen Kunden dauerhaft speichern, damit ich diese bei erneutem Besuch meines Shops direkt wiedererkenne?

Ja, neben den Session-Cookies, die für den Bestellprozess dienen und zeitlich nur begrenzt gültig sind, kannst du auch Cookies mit längerer Gültigkeitsdauer beim Nutzer speichern (z. B. mit einer Lebensdauer von 24 Monaten). Achte aber darauf, dass du hier entsprechend in der Datenschutzerklärung über den Einsatz und Zweck dieser Cookies informierst.

Für diese Cookies sind also keine Einwilligungen erforderlich, da du ein berechtigtes Interesse für deren Einsatz hast.

Kategorie: Information

#Kommentare

204. Für den Support des Online-Shops möchte ich ein kleines Forum anbieten – wie sind dabei Troll-Einträge (zur Provokation anderer Nutzer) sowie Spam von Bots zu vermeiden?

Vorneweg: Auch wenn User die Kommentare im Forum abgeben, bleibst du für den Website-Betrieb verantwortlich. Veröffentlicht also jemand als Kommentar beispielsweise etwas Rassistisches und du löschst den Kommentar nicht, kann das Konsequenzen für dich haben.

Allerdings bist du nicht verpflichtet, die von Usern veröffentlichten Beiträge direkt auf Rechtsverletzungen zu prüfen. Das ändert sich jedoch dann, wenn du Kenntnis von einer möglichen Rechtsverletzung hast, z. B. weil dich ein User darauf hingewiesen hat, dass ein anderer User Hasskommentare oder Beleidigungen veröffentlicht. Dann bist du verpflichtet, Maßnahmen zu ergreifen, z. B. die Veröffentlichung bis auf weiteres zu sperren oder zu löschen.

Du solltest von vornherein überlegen, wer überhaupt Kommentare posten darf. Durch die Einschränkung, dass du beispielsweise nur Käufer (registrierte User mit nachweislichem Kauf) Kommentare im Forum vornehmen lässt, schränkst du eine missbräuchliche Verwendung deutlich ein. Dennoch ist der Einsatz von Foren-Moderatoren sinnvoll, um die Diskussionen nicht in die falsche Richtung laufen zu lassen.

Um automatisierte Kommentare von Bots zu vermeiden, haben sich die von uns bereits vorgestellten Captchas erfolgreich erprobt. Du musst dabei nicht immer Google reCAPTCHA verwenden, sondern kannst auch eine lokale Installation eines Captchas durchführen, so dass keine Übertragung an Dritte wie Google gerechtfertigt und angegeben werden muss. Eine kostenfreie Alternative ist beispielsweise OWASP PureCaptcha.

Kategorie: Sicherheit

#Kundenbewertungen

205. Meine Kunden sollen im Shop Feedback zu gekauften Produkten geben können – muss ich dabei etwas beachten?

Klassische Rezensionen wie bei Amazon sind selbstverständlich zulässig, auch unter der DSGVO. Letztendlich gilt hierfür gleiches wie bei Kommentaren im Forum, d. h. du musst aufpassen, dass die Rückmeldungen nicht aus dem Ruder laufen. Allerdings solltest du beachten, dass persönliche Kundenfeedbacks durchaus bei Auskunftsersuchen der Nutzer mit angegeben werden müssen. Ebenso kann ein Nutzer auf die Löschung seiner Rezension bestehen.

Kategorie: Recht

#Shop-Baukasten

206. Kann ich auf ein vorgefertigtes Baukastensystem für meinen Online-Shop zurückgreifen?

Ja. Die Technik für einen Online-Shop muss nicht jedes Mal neu erfunden werden. Gerade für kleinere Unternehmen lohnt sich oft der Einsatz bestehender Softwareprodukte. Diese sind erfolgreich getestet und verfügen über zahlreiche Standardfeatures wie Registrierung und Kundenverwaltung, Passwort-Vergessen-Funktion, Sessions mit Timeout, Protokollierung, etc. Pass aber auf, was alles in diesem „Rund-um-sorglos-Paket" enthalten ist: Schleicht sich vielleicht ein fremder Tracking-Code ein, d. h. werden deine Shopping-Kunden beim Einkaufen von einem Dritten heimlich getrackt? Das wäre datenschutzrechtlich als bußgeldbewehrter Verstoß zu bewerten – und du als Shop-Betreiber wärst in diesem Fall wahrscheinlich der Adressat des Bußgeldes, nicht etwa der Dritte. Folglich sollten nur etablierte Produkte mit entsprechenden Referenzen von dir eingesetzt werden, die du aber dennoch beim Einsatz selbst überprüfst (z. B. mittels schneller Code- oder Netzwerkanalysen in den Browser-Entwicklertools). Viele Hosting-Anbieter (also die Unternehmen, die dir Webspace anbieten) haben ein eigenes Online-Shop-System gleich mit in ihrem Standardportfolio mit dabei, quasi als Software-as-a-Service-Shopsystem.

Tipp! Wir empfehlen dir, einfach kurz im Web nach Erfahrungsberichten zum Einsatz solcher Baukastensysteme zu suchen – du findest dort schnell aktuelle Informationen, gerade was die datenschutzrechtliche Bewertung betrifft. Das gilt für alle Shop-Anbieter wie z. B. Shopify, Wix, Jimdo, Weebly, Domainfactory, Webnode, Versacommerce und 1und1 (es gibt zahlreiche, wir haben nur einige der bekannteren genannt).

Kategorie: Sicherheit

#Bonitätsprüfung

207. Ist es für mich zulässig, die Bonität der Kunden zu überprüfen?

Es ist legitim, dass ein Online-Shop den Missbrauch von Bestellungen vermeiden will, sei es durch nicht ernst gemeinte Bestellungen und ständige Retouren, Aufträge mit „fremden" Nutzerdaten (u. a. Identitätsdiebstahl) oder Bestellungen ohne ausreichende Finanzkraft des Käufers. Mit einer Bonitätsprüfung findet eine gewisse Absicherung statt, dass es nicht zum Zahlungsausfall kommt. Dafür ist es jedoch im Regelfall erforderlich, dass du einen Dienstleister einsetzt, der mit den angegebenen Daten „im Hintergrund" der Bestellung den Kunden durchleuchtet und letztendlich entscheidet, welche Zahlungsmethoden dem Kunden angeboten (z. B. Kauf auf Rechnung) oder ob die Bestellungen gar nicht zugelassen werden (d. h. kein Kaufvertrag zustande kommt). Datenschutzrechtlich wichtig ist daher, bei Bonitätsprüfungen für eine ausreichende Transparenz und

Information zu sorgen. Der User muss rechtzeitig darüber in Kenntnis gesetzt werden, dass seine persönlichen Daten zur Prüfung an einen Dienstleister übermittelt werden.

Gerade wenn du als Zahlungsarten auch Rechnung oder Lastschrift anbietest, willst du dich vor Zahlungsausfällen mit Hilfe von Bonitätsabfragen schützen. Die Gerichte waren dabei bislang eindeutig auf der Seite der Verkäufer und haben entschieden, dass bei Zahlungsarten mit Ausfallrisiko auch ohne Einwilligung eine Bonitätsabfrage erfolgen kann, weil der Verkäufer ein berechtigtes Interesse hat, sich vor Betrug oder Zahlungsausfall zu schützen.

Kategorie: Recht

#Zahlungsabwicklung

208. Darf ich als Website-Betreiber externe Dienstleister, z. B. für die Zahlungsabwicklung oder den Versand, einsetzen?

Ja, alles andere wäre ja furchtbar für dich als Website-Betreiber. Wichtig ist es vor allem, seriöse Anbieter für das Payment (den Zahlungsprozess) zu wählen, die gute Referenzen haben und nachweisen können, dass sie es mit dem Datenschutz ernst meinen. Immerhin vertraust du diesen Dienstleistern die Daten deiner Nutzer an. Gleiches gilt für Versand-Dienstleister, die deine Ware an den Kunden ausliefern.

Im EU-Raum, insbesondere auch in Deutschland, gibt es zahlreiche seriöse Partner, die dir bei der Zahlungsabwicklung oder dem Versand behilflich sind.

Beachte, dass du in der Datenschutzerklärung deines Shops darauf hinweist, an wen du zu welchem Zweck die Daten weiter gibst, damit du deiner gesetzlichen Informationspflicht nachkommst.

Kategorie: Recht

#Speicherdauer

209. Wie lange darf ich Kundendaten im Shop aufbewahren?

Eine gute Frage, die wir nicht mit einer starren Zahl beantworten wollen. Warum? Weil es tatsächlich darauf ankommt, von welchen Daten du sprichst. Schließlich hast du als Shop-Betreiber beispielsweise handels- und steuerrechtliche Aufbewahrungsfristen von bis zu zehn Jahren. Alle hierfür relevanten Daten (z. B. für das Finanzamt) musst du also so lange aufbewahren. Da du aber zahlreiche andere Kategorien von Kundendaten haben wirst, solltest du dir insbesondere überlegen, wie du mit Kunden umgehst, die ihr Konto schließen. In diesen Fällen musst du die persönlichen Daten, die nichts direkt mit der Leistungserbringung zu tun haben – also nicht Bestellungen, Retouren, Zahlungen, sondern Tracking-Verhalten, technische Log-Files zum Nutzer und Verbindungsdaten – löschen, sofern sie nicht mehr erforderlich sind. Pauschal lässt sich das allerdings schwer feststellen. Du musst somit grundsätzlich wissen, welche Kundendaten du hast, und anhand der Kategorien prüfen, welche Aufbewahrungsfristen für welche Kategorien bestehen.

Kategorie: Recht

#Chat

210. Kann ich zur besseren Bedienung des Shops eine Chat-Software auf der Website einsetzen?

Ja. Dies ist letztendlich nur eine besondere Form des Supports. Solltest du jedoch dabei personenbezogene Daten des Anfragenden erheben, um beispielsweise ein Bestellproblem bei einem ganz bestimmten Kunden zu lösen (Kundennummer, E-Mail-Adresse, etc.), so musst du im Vorfeld über die Datenverarbeitung informieren. Konkret hast du also anzugeben, was mit den Daten gemacht wird (z. B. zur Produktverbesserung oder zur Fehlerfindung). Es ist völlig ausreichend, wenn du auf deine Datenschutzerklärung verlinkst.

Kategorie: Nutzer

#Datenportabilität

211. Ein Shop-Nutzer möchte seine Daten mitnehmen – was muss ich tun?

Eine der Neuerungen der DSGVO ist das Recht auf Datenportabilität. Im Shop-Umfeld bedeutet das nichts anderes, als dass der User seine persönlichen Daten aus dem Shopsystem in einem gängigen Format erhalten kann, sofern er es wünscht. Etabliert hat sich hierbei XML (Kurzform für Extensible Markup Language), da dies ein weitverbreitetes Standardformat ist.

Ob der User seine Daten tatsächlich mitnehmen will oder einfach nur neugierig ist, was du als Online-Shop-Betreiber hierbei zur Verfügung stellst, ist für dich als Verantwortlicher irrelevant: Du musst die Daten zur Verfügung stellen.

Online-Shops sollten sich daher darauf vorbereiten, damit sie im Zweifel für Anfragen dieser Art gewappnet sind. Letztendlich müssten die personenbezogenen Daten, die vom Nutzer bereitgestellt wurden, aus der Datenbank des Shops exportiert und in gebündelter, verwertbarer („maschinenlesbarer") Form übergeben werden. Wir glauben allerdings nicht, dass dies oft der Fall für dich sein wird, da die Anwendung dieses Rechts vielmehr für Soziale Netzwerke gedacht ist.

Kategorie: Nutzer
Fundort: Art. 20 DSGVO

#Löschen

212. Wie ist mit Löschanfragen von Kunden im Shop umzugehen, d. h. wenn ein Nutzer explizit die Löschung seiner Daten verlangt?

Das Wichtigste: Nimm Löschanfragen ernst. Löschen von personenbezogenen Daten ist ein Bereich, der unter die Betroffenenrechte fällt. Sollten keine Aufbewahrungsfristen oder andere gesetzliche Erfordernisse dagegen stehen, müssen die personenbezogenen Daten eines Kunden gelöscht werden. Deshalb ist es von vornherein für dich wichtig, die Datenbank im Shop für Löschungen vorzubereiten. Idealerweise verfügst du über einen Löschprozess, durch den effektiv und dokumentiert personenbezogenen Daten entfernt werden können. Solltest du einen Shop-Baukasten verwenden, wirst du vermutlich kein Problem damit haben, da dies schließlich eine zentrale Datenschutzanforderung der DSGVO ist.

Doch das ist in der Praxis leichter gesagt als getan: Fordert dich ein Nutzer auf, alle Daten von ihm zu löschen, geht das wohl nicht immer ohne Weiteres. Du wirst sicher Aufbewahrungspflichten erfüllen müssen, die dir sogar verbieten, Daten zu löschen. Teilweise hast du vielleicht selbst ein großes Interesse, die Daten aufzubewahren, z. B. weil du sie für Beweiszwecke oder aus Sicherheitsgründen benötigst. Aus diesem Grund heißt löschen nicht gleich löschen. Oftmals ist der Betroffene bereits damit zufrieden, wenn du den Account löschst und eine weitere Anmeldung mit der eigenen Kennung nicht mehr möglich ist. Andere Daten, z. B. Rechnungen und Stammdaten, unterliegen bekanntlich gesetzlichen Aufbewahrungspflichten und dürfen nicht gelöscht werden. Auch wenn der Nutzer eine Löschung dieser Daten wünscht, darfst du also die Löschung verweigern. Aus Gründen der Transparenz solltest du dem Betroffenen dies verständlich mitteilen – letztendlich liegt es ja nicht an dir.

Kategorie: Nutzer
Fundort: Art. 17 DSGVO

#Datenschutz-Zertifikat

213. Kann ich meinen Online-Shop datenschutzrechtlich zertifizieren lassen?

Grundsätzlich ja. Mit der DSGVO besteht die Möglichkeit, einheitlich im gesamten EU-Raum gültige Zertifizierungen nach abgestimmten Kriterien durchführen zu lassen. Du musst dir allerdings im Klaren sein, dass eine solche Zertifizierung mit einigen Kosten verbunden ist und dabei nur eine begrenzte zeitliche Gültigkeit besitzt, d. h. nach ein paar

Jahren erneuert werden müsste. Für größere Online-Shops kann so etwas jedoch durchaus positive Marketing-Wirkung entfalten, wenn man eine der wenigen Websites ist, die eine offizielle Datenschutzzertifizierung durchlaufen hat.

Dies ist aber noch Zukunftsmusik, da sich die erforderlichen Zertifizierungsprozesse seitens der Aufsichtsbehörden erst im Aufbau befinden. Wir empfehlen dir, falls du Interesse an einer Zertifizierung für deinen Shop oder deine Website allgemein hast, regelmäßig die Veröffentlichungen hierzu zu verfolgen.

Kategorie: Recht
Fundort: Art. 42 DSGVO

#ePrivacy-VO

214. Was ändert sich für Online-Shops nach der ePrivacy-VO?

Wir meinen, dass viele Elemente eines Online-Shops auch unter die elektronische Kommunikation fallen und einige Regelungen daher für dich relevant sein werden, sobald die ePrivacy-VO gilt. Allerdings werden sich die wesentlichen Anforderungen weiterhin nach der DSGVO richten. Das gilt insbesondere für die Anforderungen an Sicherheitsmaßnahmen, Betroffenenrechte und Informationspflichten, also der Datenschutzerklärung. Das heißt, dass dein Online-Shop schon jetzt gut für die Zeit nach der ePrivacy-VO gewappnet ist, wenn du unsere Hinweise aus diesem Kapitel beherzigst und umsetzt.

Kategorie: Recht

Checkliste:
Online-Shop

✓ Recht

- ○ Gast-Logins in deinem Online-Shop ermöglichen
- ○ Bei Shop-Baukastensystemen die Referenzen und Hinweise dazu lesen
- ○ Die gesetzlichen Aufbewahrungsfristen der Kundendaten ermitteln

✓ Information

- ○ Über den Einsatz von Cookies in deiner Datenschutzerklärung informieren
- ○ Die Dienstleister und deren Einbindungszweck klar benennen (z. B. Zahlung, Bonität, Versand)

✓ Nutzer

- ○ In Support-Foren einen Moderator verwenden
- ○ Die persönlichen Kundenbewertungen bei Auskunftsersuchen nicht vergessen
- ○ Die Nutzerdaten nur solange speichern wie wirklich erforderlich
- ○ Einen Löschprozess implementieren (für zeitnahe und routinierte Umsetzung von Löschanträgen im Shop)

- Die Shopping- und andere Kundendaten bei Bedarf in gängigen Format (z. B. XML) Nutzern zur Verfügung stellen

✓ Sicherheit

- Den Bestellprozess schlank und sicher gestalten
- Die Mindestanforderung an Länge und Komplexität der Nutzer-Passwörter definieren
- Einen Hinweis auf die Passwortstärke für den User anzeigen
- Einen guten Kryptoalgorithmus zur Speicherung der Passwörter auf Serverseite verwenden
- Ein geeignetes Verfahren zum Passwort-Zurücksetzen implementieren
- Die Passworteingabe nur in maskierter Form zulassen (Password-Input-Fields)
- HTTPS nach dem Stand der Technik umsetzen (u. a. TLS 1.3)
- Die Captcha-Funktion bei Kommentaren in Support-Foren nutzen

9

Content Management System

Content Management System

Content Management System

9. Content Management System

Mikes Story

Mike ist fast ein bisschen stolz auf sich: Die ursprüngliche Website von biosphere4yourLIFE hat er nicht nur grafisch schöner gestaltet, er hat auch alle wichtigen Punkte zum Datenschutz umgesetzt. Mike ist nun deutlich beruhigter, schließlich hat er mit seiner Arbeit den Geschäftsführer des Unternehmens mehr als zufriedengestellt. Dennoch möchte Mike sich nicht auf den Lorbeeren ausruhen. Da das Startup mit der Website stetig wächst und er künftig anderen Mitarbeitern die Gelegenheit geben soll, Inhalte selbst zu veröffentlichen, beschäftigt er sich vorsorglich mit sogenannten Content Management Systemen, kurz CMS. Mike ist der Meinung, dass der Umstieg auf ein CMS künftig durchaus Vorteile für das Unternehmen haben könnte, ist sich jedoch nicht sicher, ob das datenschutzrechtlich genauso vorteilhaft aussieht. Mike überlegt nicht lange und ruft kurz bei seinen Datenschutzexperten an.

#Zulässigkeit

215. Welches CMS darf ich überhaupt einsetzen?

Datenschutzrechtlich gibt es hier keine Einschränkungen, da grundsätzlich jedes seriöse CMS soweit anpassungsfähig wäre, dass es vom Prinzip her datenschutzkonform eingesetzt werden kann. Der Unterschied liegt meist jedoch im Aufwand, den du als Website-Betreiber selbst in Kauf nehmen musst, um ggf. noch notwendige Anpassungen durchzuführen, wenn diese nicht vom Anbieter direkt mitgeliefert werden. Weit verbreitete Systeme wie WordPress, Joomla, Drupal, Shopify, Typo3 und Magento bieten von Hause aus bereits ein buntes Portfolio datenschutzfreundlicher Funktionen. Viele dieser Anbieter haben auf der eigenen Website Anleitungen speziell für einen datenschutzrechtlich „sauberen" Einsatz bereitgestellt. Wir empfehlen dir daher, bei der Auswahl darauf zu achten, welche Datenschutzinfos der jeweilige Anbieter bereithält – daran kannst du gut erkennen, ob ein Anbieter den Datenschutz ernst nimmt. Ansonsten gilt, Augen und Ohren offen zu halten, da über Schwachstellen bei CMS meist rasch öffentlich diskutiert wird (z. B. in Supportforen und bei IT-Magazinen). Sollte ein CMS-Anbieter in der näheren Vergangenheit massive Sicherheits- oder Datenschutzprobleme gehabt haben, stellt sich die Frage, ob dieser überhaupt ein geeignetes CMS für dich anbieten kann.

Kategorie: Recht

#Cybersicherheit

216. Was muss ich berücksichtigen, um das CMS auf meiner Website sicher zu betreiben?

Ein CMS auf deiner Website sicher zu machen, ist eine nicht ganz triviale, aber machbare Aufgabe. Gerade durch die extreme Verbreitung mancher Systeme wie WordPress oder Joomla sind dies besonders attraktive Ziele für Angreifer, da man beim Auffinden einer einzigen Schwachstelle bei diesen CMS gleich unheimlich viele Websites attackieren kann. Wir möchten dir daher Hinweise für die richtige Auswahl des CMS geben und dann im Detail erklären, wie du das ausgewählte CMS sicher betreibst – unabhängig von der tatsächlich eingesetzten Technologie. Folgende Themen solltest du behandeln:

- Wahl eines geeigneten CMS
- CMS-Informationen auf deiner Website verbergen
- Besonderer Schutz des Administratorenbereichs
- Unterstützung des CMS durch eine Firewall
- Gezieltes Logging von CMS-Ereignissen
- Starkes Passwortverfahren im CMS
- Regelmäßige Backups der CMS-Daten
- CMS up-to-date halten (Patch Management)

Kategorie: Sicherheit
Fundort: Art. 32 DSGVO

#Cybersicherheit

217. Wie finde ich für mich das passende CMS?

Welches CMS du wählst, ist natürlich dir selbst überlassen – wir wollen hier weder Werbung für ein bestimmtes Produkt machen noch dich in deiner Entscheidung beeinflussen. Betrachte es also als reine Empfehlung von uns: Bezeichnest du dich eher als Einsteiger, empfehlen wir dir, es mit einem der weit verbreiteten Standardprodukte zu probieren, da hier der Konfigurationsaufwand überschaubar bleibt und gleichzeitig alle wesentlichen Features für dich vorhanden sein sollten.

Nur wenn du im Bereich Webentwicklung wirklich fit bist, solltest du dich an Nischenprodukte ran wagen. Diese sind zwar meistens in ihrer Funktion überhaupt nicht schlechter als die mit größerem Marktanteil, jedoch weißt du im Zweifel nicht: Wie schnell können dort Schwachstellen behoben werden? Wie groß sind der Anbieter und die CMS-Community, um über wichtige Anpassungen zu diskutieren? Besteht das Nischenprodukt auch noch in zwei Jahren oder muss ich dann womöglich wieder auf ein anderes System wechseln? Welchen Support erhalte ich beim Customizing? Aber ganz klar: Nischen-CMS haben deutlich weniger bekannte Sicherheitslücken, da einfach der Markt für Angreifer nicht so verlockend ist wie bei den großen CMS-Anbietern.

Ein Schritt weiter in Richtung eines sicheren CMS, weg von der „normalen" Website, ist unserer Meinung nach die Trennung von dem für die User sichtbaren Teil der Website (Frontend) und dem Admin-Interface zur Konfiguration (der Weg ins Backend), über das letztendlich das System und die Inhalte gepflegt, Plugins installiert oder andere wichtige Sicherheitseinstellungen vorgenommen werden. Frontend (Darstellung) und Backend (Konfiguration) werden also getrennt und kommunizieren nur noch über eine definierte Schnittstelle (API). Ein solches CMS nennt man ein entkoppeltes CMS.

Kategorie: Sicherheit

#CMS-Alternativen

218. Gibt es eine Alternative für mich zu einem klassischen CMS?

Ja. Ein Problem der klassischen CMS zeichnet sich durch den dynamischen Aufbau seiner Seiten aus: Inhalte deiner Website werden direkt aus der Datenbank geholt und dargestellt. Die wohl häufigste und gefährlichste Schwachstelle eines CMS ist deshalb eben diese direkte Anbindung an die Datenbank, das wohl begehrteste Ziel eines Angreifers. Um die Datenbank besser zu schützen, kann man eine Zwischenschicht nutzen, in der die angefragten Seiten dann in einer sicheren Umgebung direkt aus der Datenbank erstellt werden und danach nur in statischer Form an ihr eigentliches Ziel (den Browser des Users) weitergeleitet werden.

Wenn dich das Thema interessiert, empfehlen wir hierzu etwas zu recherchieren – meist gibt es dazu bereits fertige, etablierte Lösungen wie z. B. Netlify, Siteleaf und DatoCMS. Ansonsten gibt es keine echte Alternative zu Joomla, Drupal, WordPress und Co., die noch als CMS bezeichnet werden kann.

Kategorie: Sicherheit

#Cybersicherheit

219. Kann ich die CMS-Informationen auf meiner Website verbergen?

Ja, und dies ist wichtig zum Schutz deiner Nutzerdaten. Installierst du ein CMS über die gewöhnliche Standardprozedur, so hast du zunächst auch alle Standardverzeichnisse und -strukturen: Der Aufbau deiner Website, den verwendeten Code und die dazugehörigen Meta-Daten liefern dadurch möglichen Angreifer sehr interessante Informationen (beispielsweise liegt dann der Admin-Zugangslink immer im gleichen Verzeichnis). Wenn du beispielsweise WordPress wählst, werden viele Angreifer zunächst systematisch die

Standardverzeichnisse wie wp-content, wp-login und wp-admin durchsuchen. Oder sie werden in den Meta-Daten nach der Versionsnummer der eingesetzten WordPress-Installation suchen (Wird etwa eine veraltete Version mit bekannter Schwachstelle eingesetzt?). Änderst du aber diese Standardangaben, erhöhst du den Aufwand für Angreifer und schreckst zumindest Scanner ab, die automatisiert im Web nach Standardverzeichnissen suchen („Crawler").

Es ist also für dich von Bedeutung, sicherheitskritische Standardstrukturen der eingesetzten Technologie soweit wie möglich vor anderen zu verbergen. Diesen Ansatz nennt man Security through Obscurity. Dadurch können Angreifer zunächst keine gezielten Attacken auf bekannte oder verbreitete Sicherheitslücken eines bestimmten CMS fahren. Ganz gewiefte Administratoren lenken Angreifer ab, in dem bewusst falsche Angaben im Code und den Meta-Daten gemacht werden.

Übrigens: Welches CMS du einsetzt, musst du natürlich nicht in der Datenschutzerklärung angeben, ebenso wenig welcher Server, welche Technologie und welches Betriebssystem dort eingesetzt wird.

Kategorie: Sicherheit

#CMS-Admin

220. Wie schütze ich den Administratoren-Bereich des CMS auf meiner Website?

Der Admin-Bereich deines CMS ist typischerweise immer über einen standardisierten Link erreichbar – dies wissen auch potenzielle Angreifer. Sind diese einmal im Login-Bereich des Admins, werden sie sich diesen in Ruhe ansehen und gezielte Angriffe starten. Schützen kannst du dich und die Daten der Nutzer im CMS, wenn du den Admin-Bereich verbirgst. Ändere also auch den Standard-Administratoren-Link mit dem Ziel, dass dieser nicht so leicht aufgefunden werden kann. Noch besser ist es natürlich, wenn der Admin-Link gar nicht über das Internet, sondern nur von einem bestimmten IP-Bereich (z. B. deiner Unternehmens-IP-Adresse) erreichbar ist.

Tipp! Nutze als zusätzlichen Schutzmechanismus die Begrenzung der möglichen Login-Versuche in dein CMS (Sperrung nach einer bestimmten Zahl fehlgeschlagener Logins). Zudem solltest du unbedingt auf Standard-Login-Daten für dein Administratorenkonto verzichten – sowohl bei Name des Users (wie admin, root, cms, etc.) als auch beim Passwort.

Kategorie: Sicherheit

#Cybersicherheit

221. Wie kann ich unbefugte Fremdzugriffe auf wichtige CMS-Dateien meiner Website vermeiden?

Du kannst Regelungen und Vorkehrungen treffen, dass bestimmte, für die Sicherheit kritische Dateien, nur unter festgelegten Voraussetzungen abgerufen werden können. Hierbei helfen dir die Einrichtung einer Firewall und entsprechende Erweiterungen des CMS-Anbieters (Plugins). So werden hier in der Regel Zugriffe auf Dateien wie die wichtigen .htaccess und CMS-config-Dateien beschränkt, Serversignaturen verborgen und Zugriffe über bestimmte Protokolle wie http blockiert und stattdessen nur noch über ftps zugelassen. Somit wirst du letztendlich immer zweigleisig fahren: Einerseits Spuren verwischen und Dateien verbergen, aber abrufbar lassen, und anderseits bei kritischen Dateien tatsächlich den Zugriff einschränken und von Regeln abhängig machen.

Kategorie: Sicherheit

#Protokollierung

222. Was sollte ich in meinem CMS alles protokollieren (Logging)?

Die meisten CMS-Varianten bieten als Standardfunktion auch eine Protokollierung mit an. Dieses sogenannte Logging (nicht zu verwechseln mit Login) ist eine wichtige Komponente in der Prävention, aber auch der Analyse und Reaktion bei Sicherheitsvorfällen. Mit dem richtigen Logging- und Alarmkonzept kannst du Angriffe schnell erkennen und lückenlos aufarbeiten, bevor es zum Schadensfall kommt (z. B. dass die gesamte CMS-Datenbank mit allen Userdaten abgezogen wird).

Zweckmäßiges Logging beginnt bereits bei der Form-Validierung über fehlgeschlagene Authentifizierungen bis hin zu auffällig hohem Datentransfer zwischen einem fremden Client und deinem Webserver. Wir empfehlen dir, mehr über Eventlogging im Netz auf der sehr hilfreichen Website des Open Web Application Security Project (OWASP) nachzulesen – dort gibt es ein Logging Cheat Sheet und einen Logging Guide.

Den Umgang mit personenbezogenen Daten in den Log-Files musst du übrigens in deine Datenschutzerklärung mitaufnehmen.

Kategorie: Sicherheit

#Passwort

223. Welches Passwortverfahren ist für mein CMS geeignet?

Ein CMS lebt davon, dass sich nicht nur ein einzelner Admin, sondern auch Redakteure einloggen können und den Content verwalten. Ein starkes Passwort ist hierbei das A und O – nicht nur, um den dargestellten Inhalt deiner Website zu schützen. Vor allem als Administrator sollte man ein besonders sicheres Passwort wählen, denn hier droht im Zweifel die vollständige Übernahme deines CMS durch einen Angreifer.

Wir empfehlen dir daher, bei allen Usern ein sicheres Passwort zu erzwingen: Die Verwendung von Groß- und

Kleinbuchstaben, Ziffern und Sonderzeichen bei einer Mindestlänge von zwölf Zeichen. Beim Administrator gerne etwas länger: Mindestens 14 Zeichen, am besten sogar mit einer Zwei-Faktor-Authentifizierung. Darüber hinaus solltest du unsere vorher schon geäußerten Tipps zu sicheren Passwortverfahren dringend berücksichtigen (kein MD5, keine „admin“-Benutzername, etc.).

Kategorie: Sicherheit

#Backup

224. Wie sichere ich die CMS-Daten vor Verlust (Stichwort: Backups)?

Die unterschiedlichen Backup-Methoden und Sicherungsstrategien haben wir dir ja schon im Allgemeinen erklärt. Im CMS hast du im Admin-Bereich meist direkt die Möglichkeit, Einstellungen zu Datensicherungen zu wählen. Wir empfehlen dir, die vorhandenen CMS-Tools hierzu gezielt zu nutzen, da dadurch der Backup-Aufwand für dich überschaubar bleibt. Sichere die CMS-Daten jedoch an einem separaten Ort, d. h. nicht auf demselben Webserver, auf dem deine Datenbank oder Website läuft.

Gerade im CMS-Umfeld solltest du regelmäßig Daten sichern, um nicht nur die Verfügbarkeit der Nutzerdaten zu gewährleisten (falls es zum Ausfall kommt), sondern bei Bedarf auch Fehleranalysen betreiben zu können.

Kategorie: Sicherheit
Fundort: Art. 32 Abs. 1 lit. b) DSGVO

#Update-Zyklen

225. Was muss ich tun, um mein CMS aktuell und sicher zu halten?

Um dein CMS möglichst aktuell zu halten, ist es wichtig, dass du die neuesten Updates zeitnah einspielst. Der Aufwand ist für dich dabei zum Glück überschaubar: Hier reicht bei den meisten Systemen ein Blick auf die Administrator-Oberfläche. Dort findest du schnell einen Menüpunkt namens „Updates“ oder ähnliches.

Bei der Erinnerung, regelmäßig Updates durchzuführen, wird man leider immer noch oft belächelt. Dennoch stellen ungepatchte, d. h. veraltete CMS-Installationen, heute den Hauptgrund für erfolgreiche Cyberangriffe dar. Die Zeit, zwischen der eine neue Schwachstelle gefunden wurde und diese von dir durch ein Update im CMS gefixt wird, ist die Zeit, die ein potentieller Angreifer hat, um gravierenden Schaden an deiner Website zu verursachen. Gerade bei CMS sind Updates besonders wichtig, da solche Standardsoftware mit weiter Verbreitung eines der begehrtesten Angriffsziele darstellt (z. B. um dich zu erpressen). Und da kein System perfekt ist und die Technik sich stetig weiterentwickelt, ist es für dich essentiell, aktuelle Sicherheitsupdates einzuspielen, um dich und deine User vor solchen Angriffen zu schützen.

Kategorie: Sicherheit

#Cybersicherheit

226. Wie kann ich selbst schnell prüfen, ob das CMS auf meiner Website sicher ist?

Die absolute Sicherheit wird es leider auch für dich nie geben und gerade bei einem CMS, das durchaus komplex und für den Anwender schwer zu durchschauen ist, ist diese Frage nicht leicht zu beantworten. Hier kann aber ein geeignetes Security-Plugin (wie z. B. iThemes und Hide My WP für WordPress) durchaus helfen: Dieses schlägt Sicherheitsmaßnahmen sowohl für Einsteiger als auch für Fortgeschrittene vor und zeigt eine grobe Einschätzung der Sicherheit deines CMS an. Wir empfehlen dir, regelmäßig zu prüfen, ob du sowohl beim CMS als auch bei den eingesetzten Plugins die aktuellste Version nutzt. Für WordPress gibt es beispielsweise einen WordPress Scanner, der dir als Report mögliche Schwachstellen deiner WordPress-Installation zurückgibt. Du solltest solche Tools aber mit Vorsicht genießen und nur einsetzen, wenn du weißt was sie tun, d. h. die meisten Werkzeuge sind für Einsteiger nicht geeignet.

Tipp! Für WordPress ist ein gut zu bedienender und verständlicher Scanner wpscan, für Joomla joomscan.

Kategorie: Sicherheit

#Hosting

227. Darf meine Website, d. h. auch mein CMS, auf einem fremden Webserver laufen?

Ja. Gerade kleine Betriebe, Selbstständige und Privatpersonen haben gar keine Möglichkeit, einen eigenen Webserver zu betreiben. Daher funktioniert das Geschäftsmodell des Hostings sehr gut. Dieser Begriff steht für den Betrieb von Software- und Webdiensten. Auch wenn es beim Webhosting zahlreiche unterschiedliche Konstellationen gibt (u. a. Shared Hosting, Reseller, Dedicated Hosting, Cloud Hosting), ist datenschutzrechtlich eines ganz wesentlich: Bei der Inanspruchnahme von Hosting benötigst du einen Auftragsverarbeitungsvertrag, da der Hoster deine Website für dich in deinem Auftrag betreibt und dort schließlich auch personenbezogene Daten verarbeitet werden. Deswegen werden die Firmen, die Hosting anbieten, oft auch Internet Service Provider genannt (oder natürlich auch „Hoster“). Eine Angabe in der Datenschutzerklärung, bei welchem Provider du konkret hostest, ist nicht notwendig.

Kategorie: Recht

#Hosting

228. Was muss ich beim Hosting meiner Website bei einem Dienstleister beachten?

Neben dem genannten Auftragsverarbeitungsvertrag benötigst du auch einen verlässlichen Partner, schließlich ist man durch Hosting sehr stark abhängig vom Service Provider. Angenommen, du hostest dein CMS mit Online-Shop, und die Website ist tagelang für User nicht verfügbar. Oder dein

Hoster sorgt nicht dafür, dass eine bekannte kritische Sicherheitslücke auf dem Webserver geschlossen wird, so dass deine Kundendaten geklaut werden. Hier gibt es zahlreiche Fallkonstellationen, die dir klar machen sollten, dass du beim Hosting nicht immer den günstigsten Anbieter wählen solltest, sondern einen, bei dem du ein gutes Gefühl hast. Schließlich übergibst du deine Kundendaten in seine Hände. Datenschutzrechtlich ist das gar nicht ohne, denn laut DSGVO bleibst dennoch du verantwortlich, also auch, wenn der Hoster beispielsweise einen Sicherheitsfehler bei deiner Website verursacht. Zum Glück sind die meisten Anbieter sich dessen bewusst und versuchen dich bestmöglich bei der Umsetzung der Datenschutzvorgaben zu unterstützen: Sie bieten dir einen Standard-Auftragsverarbeitungsvertag an, in dem die Hosting-Leistungen für dich DSGVO-konform beschrieben werden.

Darüber hinaus solltest du sicherstellen, dass dein Zugang zum Webserver des Hosters zeitgemäß ist, also dem „Stand der Technik" entspricht (diesen Begriff hört man gerade von den Aufsichtsbehörden des Öfteren). Wenn du dich also einloggst, um als Admin „deinen" Server zu konfigurieren oder einfach die Website anzupassen, musst du darauf achten, dass neben einer sicheren HTTPS-Verbindung auch das von dir gewählte Zugangsverfahren entsprechend ausgestaltet ist (z. B. sehr langes und komplexes Passwort, besser: Zwei-Faktor-Authentifizierung).

Kategorie: Recht

#Auftragsverarbeitung

229. Wie muss mein Auftragsverarbeitungsvertrag mit dem Hoster konkret aussehen?

Du benötigst hier keinen speziellen Vertrag, sondern den üblichen Vertrag zur Auftragsverarbeitung nach den bereits genannten Vorgaben aus Art. 28 DSGVO.

Da es Vertragsmuster fast schon wie Sand am Meer kostenfrei im Netz gibt, verzichten wir darauf, einen eigenen 20 Seiten umfassenden Text abzudrucken. In aller Regel stellt dir der Hoster sowieso einen solchen Vertrag in deinem Online-Account bereit. Wenn nicht, solltest du einfach nachfragen. Du musst den Vertrag jedenfalls nicht selbst erstellen, allerdings schon durchlesen und prüfen, ob du mit den enthaltenen Vereinbarungen einverstanden bist.

Tipp! In der Praxis wird kein Hoster einen Vertrag vom Kunden annehmen. Wenn dir der ausgewählte Hoster keinen Auftragsverarbeitungsvertrag zur Verfügung stellt, solltest du schleunigst einen anderen Anbieter auswählen. Ansonsten ist gerade beim Hosting der Teil der Sicherheitsmaßnahmen für dich sorgfältig zu lesen.

Kategorie: Recht
Fundort: Art. 28 DSGVO

#Hosting

230. Kann ich sicherstellen, dass bei einem Wechsel des Hosting-Anbieters die Daten dort auch wirklich gelöscht werden?

Die ehrliche Antwort ist „Nein“. Sicherstellen kannst du das nicht. Natürlich hat der Hoster die Verpflichtung, der Löschung nachzukommen, sofern keine gesetzlichen Aufbewahrungsfristen mehr entgegenstehen. Dennoch haben die Service-Provider auch zahlreiche Backups, die durchaus Kopien deiner Website beinhalten können. Du brauchst dir aber keine Sorgen machen: Aus dem Produktivbetrieb wird deine Website jedoch von der IP-Adresse des ursprünglichen Hosters verschwinden, da dieser weder einen gesetzlichen Grund hat, den Content länger zu hosten, noch ein wirtschaftliches Interesse besitzt, die Leistung ohne Zahlungen von dir weiter zu erbringen. Ein Hosting-Wechsel ist also ähnlich wie der Wechsel des Mobilfunkproviders: Mit ein wenig Aufwand verbunden, teilweise etwas nervig, aber auf Grund der Häufigkeit routinemäßig ohne größere Probleme durchführbar. Seriöse Anbieter werden dir keine Steine in den Weg legen und die meisten Daten von dir auch zeitnah nach dem Umzug zum neuen Hoster löschen. Ärgerlich ist leider tatsächlich, wenn ein ehemaliger Hoster deine Daten noch im Backup unverschlüsselt liegen hat und es dann zu einer Datenpanne kommt: Auch wenn du nicht mehr selbst aktiv Kunde bist, sind dennoch deine Kundendaten betroffen, wodurch ggf. sogar eine Informationspflicht von dir gegenüber deinen eigenen Kunden ausgelöst werden kann, wenn ein hohes Datenschutz-Risiko vorliegt.

Kategorie: Nutzer

#Webserver

231. Kann ich auf meinem Webserver neben der Website noch andere Dienste laufen lassen?

Hiervon raten wir dir aus verschiedenen Gründen ab. Nehmen wir an, du hast auf deinem Webserver noch eine separate Datenbank laufen, z. B. eine CRM-Datenbank für die Außendienstmitarbeiter. Dann leidet zum einen womöglich die Gesamtperformance deiner Website durch die höhere Last, also den höheren Ressourcenverbrauch durch die Datenbank. Zugegeben, in Zeiten schier unendlicher Hardwareressourcen ist dies ein fast zu vernachlässigender Punkt, aber je größer und komplexer diese Dienste werden, desto deutlicher zeichnet sich dieser Punkt in der Praxis ab.

Zum anderen erschwert jeder weitere Dienst auf deinem Webserver auch die Skalierbarkeit eines Services, der dann nicht mehr losgelöst von allem anderen erweitert werden kann, sondern bei dem stets darauf geachtet werden muss, dass dies keine Folgen für den zweiten Dienst hat.

Der wichtigste Punkt ist aber die Sicherheit: Dein Webserver kann durch praktisch jeden Internetnutzer aufgerufen werden. Jeder Zusatzdienst neben deiner Website stellt ein potentielles Angriffsziel dar. Mit dem Motto „Ein Server, ein Dienst“ verringerst du das Schadenspotential, wenn doch einmal ein Angreifer auf den Server kommt.

Datenschutzrechtlich gibt es allerdings keine Einschränkungen, welche und wie viele Dienste du auf einem Webserver laufen lassen kannst oder sollst. Wichtig ist, dass du den Überblick behältst, wo welcher Dienst läuft, damit du die jeweils richtigen Maßnahmen zur Sicherheit treffen kannst (u. a. Protokollierung, Verschlüsselung, Backup, Zugriffskonzept, Updates).

Kategorie: Sicherheit

#Plugins

232. Kann ich denn meine CMS-Installation, wie z. B. WordPress, mit beliebigen Plugins erweitern?

Ja. Bei vielen CMS-Varianten gibt es neben der Auswahl der Themes, die für ein vorgegebenes Design sorgen, zahlreiche Standarderweiterungen. Meist werden diese „Plugins" oder „Add-ons" genannt und liefern Zusatzfunktionen, die in Abhängigkeit der eingesetzten CMS-Version auch mühelos eingebunden werden können. Doch Vorsicht: Die Plugins sind teilweise von fremden Anbietern, d. h. nicht immer direkt vom CMS-Anbieter selbst. Folglich können durch solche Erweiterungen Seitenaufrufe an fremde URLs stattfinden. Datenschutzrechtlich bedeutet das, dass du prüfen musst, welche Daten konkret übertragen werden und ob dafür eine Rechtsgrundlage vorhanden ist. Entsprechend müsste in deiner Datenschutzerklärung darüber informiert und im Zweifel sogar eine Einwilligung des Nutzers (Opt-In) eingeholt werden.

Tipp! Die führenden CMS-Anbieter sind sich bewusst, dass die Betroffenenrechte eine wesentliche Rolle für dich als Website-Betreiber spielen. Daher gibt es mittlerweile einige Datenschutz-Plugins für die verschiedenen CMS, mit denen du die Rechte der Nutzer mit wenig Aufwand berücksichtigen kannst.

Kategorie: Information

#Spamschutz

233. Ist der Einsatz eines Anti-Spam-Plugins für mein CMS erlaubt?

Ja – grundsätzlich kannst du dein CMS mit einem Spamschutz ausstatten. Für das weit verbreitete WordPress-System existieren unterschiedliche Plugins, wie z. B. Akismet. Hier solltest du vorsichtig sein, da bei einem Einsatz dieser Erweiterung die IP-Adressen der Nutzer samt Kommentare an einen fremden Server wandern können. Folglich wäre eine Einwilligung erforderlich. Besser ist es deshalb für dich, einen datenschutzfreundlichen Dienst zur Spamabwehr zu verwenden. Bei WordPress steht beispielsweise „Antispam Bee" als Alternative zur Verfügung.

Kategorie: Information

#Berechtigungen

234. Wie gestaltet man ein Rollen- und Rechtekonzept für das eigene CMS?

Durch ein geschicktes Rollen- und Rechtekonzept kannst du verschiedene Gruppen erstellen, die mit unterschiedlichen Rechten bei einem CMS ausgestattet sind. So kann sichergestellt werden, dass auch nur autorisierte User bestimmte Berechtigungen in deinem System erhalten. Ein User, der nur einen Blogbeitrag verfassen soll (z. B. als Online-Redakteur), muss folglich nicht direkt mit Administratorenrechten ausgestattet werden, mit denen er auch neue Plugins installieren oder andere Nutzer löschen könnte, sondern es reichen einfache „Redakteur"-Rechte.

Zugriff auf das Administratoren-Panel sollte also nur geschulten Nutzern gegeben werden, da man dort mit wenigen Klicks viel „Schaden" im CMS verursachen kann.

Kategorie: Sicherheit

#Betroffenenrechte

235. Gibt es etwas, das mir die Umsetzung der Betroffenenrechte der Nutzer in meinem CMS erleichtert?

Ja, allerdings hängt das davon ab, welches CMS du tatsächlich einsetzt. Viele CMS-Anbieter wie beispielsweise WordPress liefern mittlerweile in den Konfigurationseinstellungen eigene Datenschutz-Reiter mit aus. Wenn du diese anklickst, werden dir meistens einige nützliche Optionen angeboten, die dir eine datenschutzfreundliche Konfiguration deines Systems ermöglichen. Darüber hinaus solltest du aber auch immer wieder deinen Blick auf zur Verfügung stehende Add-ons werfen, die dir bei der Umsetzung der Betroffenenrechte wie Auskunft und Löschung durchaus weiterhelfen können.

Tipp! Ein "Rundum-Sorglos"-Datenschutz-Add-on für die Umsetzung der Betroffenenrechte gibt es nicht. Sei daher durchaus misstrauisch, wenn dir jemand eine solche Erweiterung anbietet, z. B. eine Art "All-In-One". Diese mag vielleicht ganz gut sein, jedoch darfst du dich nicht darauf verlassen, dass du dadurch einen hundertprozentigen Schutz vor Datenschutzverstößen und somit Bußgelder hast. Trotzdem können dir solche Add-ons einige Arbeit abnehmen, z. B. den Export von Nutzerdaten bei einem Auskunftsersuchen.

Kategorie: Nutzer

#ePrivacy-VO

236. Muss ich etwas bei meinem CMS wegen der kommenden ePrivacy-VO beachten?

Nein, zumindest nichts, was rein CMS-spezifisch ist. Die ePrivacy-VO wird nämlich keine speziellen Regelungen für CMS enthalten. Interessant sind in diesem Zusammenhang jedoch die Vorschriften zum Tracking. Wie bereits erwähnt ist es noch sehr umstritten, unter welchen Voraussetzungen Tracking- und Analytics-Tools auf der Website eingebunden werden dürfen. Die meisten CMS bieten dir bereits im Auslieferungszustand einfache Möglichkeiten, solche Tools zu verwenden. Beachte, dass – auch wenn die ePrivacy-VO dann gilt – in jedem Fall du der Verantwortliche in datenschutzrechtlicher Hinsicht bleibst. Das bedeutet, dass du als Website-Betreiber sicherstellen musst, dass du die datenschutzrechtlichen Anforderungen erfüllst und nicht der Anbieter bzw. Entwickler des CMS.

Kategorie: Recht

Checkliste:
Content Management System

Recht

- ○ Im Falle von Hosting einen passenden Auftragsverarbeitungsvertrag abschließen
- ○ Die Einbindung von Drittanbieter prüfen

Information

- ○ Über den Einsatz von relevanten Plugins in der Datenschutzerklärung informieren

Nutzer

- ○ Die datenschutzfreundlichen Einstellungsmöglichkeiten im CMS für die Betroffenenrechte nutzen

Sicherheit

- ○ Ein geeignetes CMS wählen
- ○ Regelmäßig nach den Schwachstellen zum CMS recherchieren
- ○ Die Informationen zum CMS im Code der Website verbergen
- ○ Den Admin- bzw. Config-Bereich des CMS besonders schützen
- ○ Das CMS durch eine Firewall gezielt unterstützen
- ○ Ein Logging von CMS-Ergebnissen durchführen

- Ein starkes Passwortverfahren im CMS verwenden
- Regelmäßig die Backups der CMS-Dateien und der Datenbanken starten und aufbewahren
- Das CMS immer up-to-date halten (Patch Management)
- Ein einfaches, aber effektives Rechte- und Rollenkonzept für das CMS verwenden

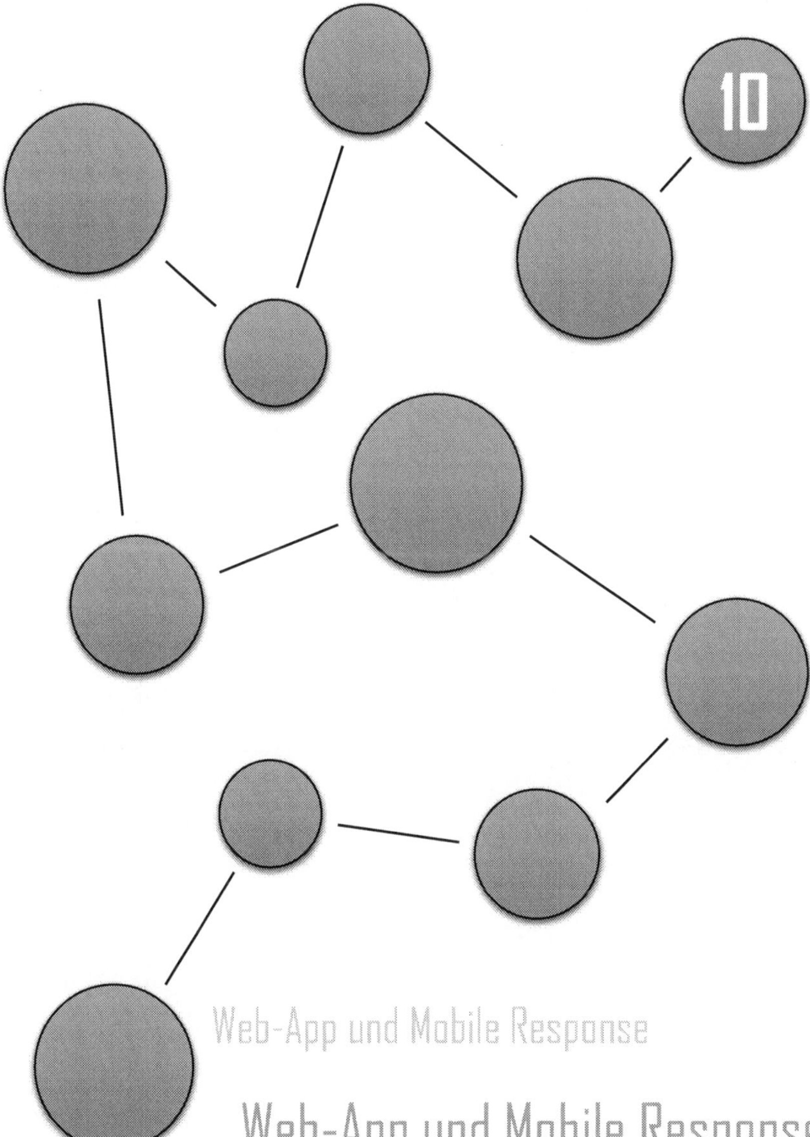

Web-App und Mobile Response

Web-App und Mobile Response

Web-App und Mobile Response

10. Web-App und Mobile Response

Mikes Story

Mike denkt, dass die Website von biosphere4yourLIFE nun wirklich keine Verbesserungen mehr notwendig hat. Auf normalen PCs wirkt sie schön und spricht die Kunden direkt an. Mike muss kurz auf seinem dienstlichen Smartphone etwas nachlesen und öffnet dabei die eigene Website. Oje! Mike stellt mit Erschrecken fest, dass die Navigation komplett verschoben ist. Und die Datenschutzerklärung ist überhaupt nicht anklickbar. Mike weiß, was er zu tun hat: Er muss schnellstmöglich prüfen, welche Anforderungen seine Website bei unterschiedlichen Geräten berücksichtigen muss, damit er keine Datenschutzverstöße begeht.

Und da er sowieso schon sein Smartphone in der Hand hat: Warum kann ich nicht gleich Teile der Website, wie z. B. den Online-Shop, als App im Store anbieten, denkt er. Mike ist motiviert, auch diese Herausforderung zu meistern. Doch gerade im Bereich von Mobile Responsive Design und Web-App-Entwicklung fehlen ihm die eigenen Erfahrungswerte. Mike schreibt eine ausführliche E-Mail mit Fragen an sein Expertenteam und hofft auf Antwort.

#Geräteunterstützung

237. Muss meine Website auf allen Endgeräten funktionieren?

Spannende Frage. Kennst du denn alle Endgeräte? Nein? Wir auch nicht. Also empfehlen wir dir, deine Website für alle gängigen Endgeräte und Bildschirmauflösungen zu designen. Viele Open-Source-Tools und Browser-Erweiterungen, wie z. B. Mobile/Responsive Web Design Tester für Chrome, helfen dir bei der Entwicklung der Website, alle wichtigen Ansichten umzusetzen (beispielsweise für iPad und iPhone). Solltest du das berücksichtigen und ein User mit stark veralteten Browser oder einem Uraltgerät bestimmte Elemente nicht verwenden oder sehen können und womöglich sogar eine Datenschutzbeschwerde bei der Aufsichtsbehörde einreichen, wird dir diese sicherlich keinen Strick drehen: Die Mitarbeiter des Fachreferats können schnell feststellen, dass deine Seite an sich mit dem richtigen Quellcode ausgestattet ist, nur der Beschwerdeführer mit einem veralteten, unsicheren Browser unterwegs ist. Von daher ist eine Unterstützung nur der aktuellen Betriebssysteme und Browser erforderlich, alles andere ist optional. Ansonsten können für User entsprechende Hinweise eingeblendet werden à la „Sie nutzen eine stark veraltete Browser-Version. Dadurch können einige Features unserer Website womöglich nicht richtig angezeigt und genutzt werden. Wir empfehlen Ihnen, auf eine sichere Browser-Version umzusteigen".

Dank der sogenannten Cascading Style Sheets (CSS) kannst du recht einfach unterschiedliche Auflösungen und Darstellungen gängiger Endgeräte unterstützen. Klassische Entwicklertools in Firefox, Chrome, Edge und Co. zeigen dir zudem die verschiedenen Ansichten direkt auf Wunsch an, was auch für Einsteiger-Webmaster und -Entwickler ohne Zusatzsoftware ein tolles Feature ist.

Kategorie: Recht

#Web-App

238. Darf ich meine Website auch als Web-App anbieten?

Es steht dir völlig frei, ob du deine Website auch als Web-App bzw. als App anbieten möchtest. Datenschutzrechtlich ändert sich nicht viel: Es gilt die DSGVO für dich. Grundsätzlich ist der einmalige Aufwand, die Website als Web-App im Google Play Store für Android oder im iTunes Store für iOS bereitzustellen, zunächst relativ überschaubar.

Bei einer Web-App kann der übliche HTML5-Quellcode deiner Website verwendet werden, um eine für das jeweilige Endgerät optimierte Ansicht zu ermöglichen. Im Gegensatz dazu wird bei einer nativen App neuer Code speziell für ein Betriebssystem wie iOS oder Android programmiert – die Funktionen der Geräte können dann zwar optimal genutzt werden, jedoch ist der Entwicklungsaufwand einer nativen App um einiges höher.

Die Frage, die du dir also stellen musst, ist, ob es sich in irgendeiner Weise für Nutzer und dich bezahlt macht, anstatt der mobilen Website auf dem Smartphone oder Tablet eine App zu nutzen. Schließlich entsteht für dich zusätzlicher administrativer Aufwand, wenn es um die Pflege und den Support der App geht.

Tipp! Solltest du wirklich nur deine Website oder Teile davon als App anbieten wollen, empfehlen wir dir, diese als Web-App zur Verfügung zu stellen.

Kategorie: Recht

#Standortdaten

239. Dürfen in meiner App Standortdaten verarbeitet werden, um beispielsweise eine Geolokalisierung des Users durchzuführen?

Im Gegensatz zu deiner Website kannst du über deine App direkt auf die Lokalisierungsfunktionen des Endgeräts per API zugreifen. Das ist einerseits praktisch, da du dadurch tolle Services anbieten kannst. Andererseits führt das auch zu einer Verarbeitung von personenbezogenen Daten, für die du eine Rechtsgrundlage brauchst.

Wir geben dir nachfolgend ein paar Hinweise, wie du eine Geolokalisierung umsetzen kannst:

- Vor der Ortung blendest du eine kurze Information samt Frage zur Einwilligung an (Opt-In)
- Biete in der App an, dass jederzeit die Lokalisierung ausgeschalten werden kann (Widerruf der Einwilligung)
- Verarbeite die Standortdaten des Users nur lokal in der App falls möglich (dann kommt es gar nicht zu einer Übertragung der Standortdaten im Web)

- „Verwasche“ die Geodaten, damit du nur die Genauigkeit verwendest, die erforderlich ist (z. B. anstelle von Straße 12a reicht oft auch nur der grobe Stadtteil, also der Bezirk oder das Viertel)
- Wähle das zeitliche Abtastintervall der Standortdaten möglichst groß, damit nicht sekündlich der Standort abgerufen wird (dadurch wäre ein sehr granulares Profil möglich)

Berücksichtigst du diese Hinweise, setzt du automatisch die Grundsätze der DSGVO hinsichtlich Privacy by Default und Privacy by Design („Datenschutz durch Technikgestaltung“) sowie das Konzept der Datenminimierung um.

Kategorie: Recht

#Datenschutzerklärung

240. Wie gestalte ich meine Datenschutzerklärung bei Apps?

Wer denkt, dass hier die gleichen Voraussetzungen gelten wie bei einer klassischen Website im Browser, der irrt. Das liegt zum einen daran, dass Internet-Browser mittlerweile von sich aus bereits ein nützliches Set an Werkzeugen zur Verfügung stellen, das Datenschutzfunktionen erfüllen kann – z. B. Cookies der Website anzeigen und löschen. Zum anderen ist deine Website universell designt, also geräte- und betriebssystemunabhängig, während bei der App eine klare Zuweisung zum verwendeten Betriebssystem und dessen Entwicklervorgaben erfolgt (auch bei einer Web-App hast du eine starke Abhängigkeit von den zur Verfügung gestellten Rahmenbedingungen des mobilen Systems).

Das Hauptproblem bei der Datenschutzerklärung innerhalb der App dürfte für dich der begrenzte Platz sein – also rein optisch in Abhängigkeit von der Größe des mobilen Endgeräts. Wir haben dir bereits erklärt, dass du über einiges in deiner Datenschutzerklärung informieren musst. Wie das geht ohne gleichzeitig den Screen des Nutzers zu überfluten und den User zu verwirren, sagen wir dir: Verwende Piktogramme (einfache Bildsymbole) und aussagekräftige Überschriften. Dadurch kannst du einzelne Kategorien deiner Datenschutzerklärung sehr gut bündeln. Ist ein Nutzer an etwas interessiert, kann er das jeweilige Kapitel mühelos aufklappen. Somit bleibt die Datenschutzerklärung in der App schlank, übersichtlich und bedienbar – erfüllt aber gleichzeitig die datenschutzrechtlichen Anforderungen.

Übrigens: Solltest du wirklich deine Website als Web-App nahezu 1:1 übernehmen, muss trotzdem deine Datenschutzerklärung in der App im Vergleich zur Website angepasst werden. Du musst nämlich auch die appspezifischen Verarbeitungen benennen (z. B. Datenübertragung an App-Store-Betreiber) sowie auf die Berechtigungen deiner App eingehen.

Kategorie: Information

#Datenschutzerklärung

241. Wo muss ich die Datenschutzerklärung in meiner App verankern?

Im Gegensatz zu deiner Website reicht nicht erst die Möglichkeit, nach Aufruf des Dienstangebots auf die Datenschutzhinweise zu gelangen. Du musst bereits im App-Store deine Datenschutzerklärung verlinken. Der Google Play Store bietet beispielsweise dafür eine eigene Funktion samt Anleitung für App-Entwickler. Aber auch in der App müssen die Hinweise deiner Datenschutzerklärung bei erstmaliger App-Nutzung sofort einsehbar sein. Dies kannst du über ein zentrales Datenschutz-Icon gewährleisten.

Kategorie: Information

#Speicherort

242. Dürfen personenbezogene Daten durch meine App auf dem Gerät des Nutzers gespeichert werden?

Ja. Natürlich kannst du im Rahmen der App-Berechtigungen auf Speicherorte des Endgeräts zurückgreifen. Zugegeben, selbst wenn ein Smartphone-User mit seinem Browser deine Website aufruft, werden dann meist lokal Daten auf dem Gerät des Nutzers abgelegt (z. B. Cache, Cookies, Passwörter). Bei deiner App hast du aber zusätzlich die Möglichkeit, auch auf die – unter Umständen externe – SD-Karte des Geräts zuzugreifen und dort Daten abzulegen. Konkret birgt dies das Risiko, dass du personenbezogene Daten des Nutzers dort speicherst, der Nutzer sein Endgerät verkauft oder verliert, und jemand anders auf die standardmäßig ungesicherte SD-Karte zugreift. Hat ein Nutzer sein Gerät beispielsweise mit Gesichtserkennung, Passwort/PIN oder einem anderen Verfahren vor unbefugtem Zugriff scheinbar gut geschützt, hilft das wenig, um die leicht zu entfernenden Speicherteile zu schützen, auf denen womöglich deine App sensible Daten im Klartext abgelegt hat.

Tipp! Wir empfehlen dir daher, dass du einerseits möglichst wenig Daten auf dem Gerät des Users speicherst (nur das was nötig ist) und anderseits, dass diese Daten ausreichend verschlüsselt werden.

Kategorie: Nutzer

#Zugangsdaten

243. Wie verwalte ich Zugangsdaten meiner Nutzer für die App?

Vorne weg: Es macht tatsächlich einen Unterschied, ob du Zugangsdaten deiner Nutzer für die Website oder die Web-App verwaltest. Das liegt daran, dass du bei der Website darauf vertrauen kannst und musst, dass der User einen relativ aktuellen und sicheren Internetbrowser verwendet und die dortigen Funktionen zur Passwortverwaltung nutzt. Moderne Browser legen beispielsweise die Nutzerpasswörter nicht im Klartext „irgendwo" auf ein Laufwerk ab, sondern verwenden eine verschlüsselte Speicherung im Browserbereich, zum Teil sogar in einer schlanken Version einer Datenbank.

Bei der Web-App stehst du vor der Herausforderung, dass du einerseits einen geschlossenen App-Bereich auf dem Endgerät des Users hast (Sandbox), jedoch dank der Berechtigungen auch auf gemeinsame Speicher wie die SD-Karte zugreifen kannst.

Wir empfehlen dir für die Zugangsdaten deiner Web-App:

- Verwende wie bei der Website ein sicheres Passwortverfahren
- Verzichte auf gerätebezogene Daten wie der IMEI-Nummer (Gerätenummer) als Identifizierungswert im Rahmen einer User-Authentifizierung
- Lege Zugangsdaten, falls sie lokal im Gerät des Nutzers gespeichert werden sollen, nur im geschützten App-Bereich und mit geeignetem kryptographischen Verfahren ab.

Tipp! Nutze für einen Session-Bezug zu deinem Backend (dem Webserver) extra dafür generierte IDs statt bereits vorhandene personenbezogene Account-Daten des Nutzers (z. B. Kundennummer) – mit solch einer ID kann ein Unbefugter schließlich weniger anfangen als beispielsweise mit der echten Kundennummer.

Kategorie: Sicherheit

#Man-in-the-Middle

244. Wie kann ich bei meiner Web-App Man-in-the-Middle-Attacken verhindern?

Um zu vermeiden, dass ein Unbefugter den Netzwerkverkehr eines Users bei Nutzung deiner App als Man-in-the-Middle mitliest, kannst du bei der Implementierung von HTTPS auf ein spezielles Instrument zurückgreifen: Certificate Pinning (oder umgangssprachlich SSL Pinning). Damit kann in sehr vielen Fällen gewährleistet werden, dass der

Transportweg hervorragend abgesichert wird und der vom User generierte Traffic bei Interaktion mit deiner Web-App nicht mitgelesen werden kann – also ganz im Sinne des Datenschutzes.

Konkret wird dabei nur ein von dir bestimmtes Zertifikat zu deinem Domänenname akzeptiert und nicht ein beliebiges SSL-Zertifikat, das mit einem Stammzertifikat einer anerkannten Zertifizierungsstelle (CA) korrespondiert. Dieses Vorgehen ist eine nach Art. 32 DSGVO geeignete technische Maßnahme, um die personenbezogenen Daten angemessen zu schützen. Aber: Es gibt immer wieder Versuche und Techniken von Cyberkriminellen, um mit speziellen Tools auch via SSL versendete Datenpakete trotz Certificate Pinning zu analysieren. Der Aufwand wird für potentielle Angreifer jedoch deutlich erhöht.

Ob du auf Certificate Pinning zurückgreifen solltest oder nicht hängt übrigens davon ab, welche Daten du schützen willst. Beispiel: Banking-Apps verwenden dies oft, Wetter-Apps in der Regel nicht. Certificate Pinning ist also eine Maßnahme für Fortgeschrittene.

Kategorie: Sicherheit

#ePrivacy-VO

245. Wie wirkt sich die ePrivacy-VO auf meine Web-App aus?

Die ePrivacy-VO wird auch für Web-Apps gelten. Da es allerdings keine spezifischen Regelungen für Apps geben wird, musst du dieselben Vorschriften berücksichtigen wie die für deine Website.

Kategorie: Recht

Checkliste:
Web-App und Mobile Response

Recht

- Die Geolokalisierung des Nutzers je nach Zweck der Verarbeitung nur nach dessen Einwilligung durchführen

Information

- Eine Datenschutzerklärung bereits im jeweiligen App-Store verankern
- Eine spezifische Datenschutzerklärung nutzen (App-Abweichungen zur Website berücksichtigen)
- Den Einsatz von Piktogrammen prüfen
- Die Datenschutzerklärung in der App leicht auffindbar einbinden

Nutzer

- Angemessen mit dem Gerät bzw. des Speichers des Nutzers umgehen

Sicherheit

- Die gängigen Browser und Betriebssysteme für die Website unterstützen
- Die Möglichkeit von Certificate Pinning prüfen
- Die Zugangsdaten des Nutzers sicher ablegen

Ausblick zum Umfeld

Mikes Story

Mike hat richtig gute Laune: Endlich hat er alle wesentlichen Datenschutzfragen, die für seine Website relevant sind, geklärt und die Anforderungen verstanden. Mit dem erlernten Grundgerüst der rechtlichen Zulässigkeit, den Datenschutzbestimmungen, den Betroffenenrechten und der Sicherheit fühlt er sich für die Zukunft gut gerüstet. Die DSGVO umzusetzen ist doch nicht so schlimm, wie viele befürchten. Und auch die anstehende ePrivacy-VO wird er meistern – davon ist er jetzt überzeugt.

Mike möchte nun die letzten Feinheiten regeln, damit das Unternehmen den eingeschlagenen Weg zur Datenschutz-Compliance über die Website hinaus weiter fortschreiten kann. Der Geschäftsführer von biosphere4yourLIFE fragt ihn, was es noch zu verbessern gibt. Mike bittet die Experten ein letztes Mal um Hilfe: Was sollte Mikes Unternehmen noch beachten?

#Verzeichnis von Verarbeitungstätigkeiten

246. Benötige ich als Website-Betreiber ein Verzeichnis von Verarbeitungstätigkeiten?

Ja. Nachdem du durch unsere Antworten alle wesentlichen Verarbeitungstätigkeiten rund um deine Website kennengelernt hast, gilt es diese in das Verzeichnis von Verarbeitungstätigkeiten mit aufzunehmen. Dort sollten z. B. auch die Zahlungsdienstleister beim Online-Shop genannt werden.

Website-Betreiber müssen den Datenschutzaufsichtsbehörden das Verzeichnis mit aktuellen Daten auf Nachfrage zur Verfügung stellen können – andernfalls droht ein Bußgeld. Das Verzeichnis ist jedoch nicht Aufgabe des Webmasters, sondern des Verantwortlichen mit Unterstützung des Datenschutzbeauftragten, da dort neben den Verarbeitungen auf der Website auch alle anderen Datenverarbeitungen des Verantwortlichen genannt werden müssen (z. B. Lohnbuchhaltung, Steuerberater, Werbung, etc.).

Kategorie: Recht
Fundort: Art. 30 DSGVO

#Dokumentationspflichten

247. Was muss ich noch dokumentieren und etablieren, um einen ausreichenden Nachweis zu haben, dass die eigene Website tatsächlich datenschutzkonform ist?

Grundsätzlich ist es für dich – unabhängig vom Datenschutz – sinnvoll, durchgeführte und geplante Maßnahmen an der Website zu dokumentieren, sei es der Zyklus der Backup-Routinen, Änderungen an der Datenschutzerklärung oder schlichtweg klassische Source-Code-Anpassungen. Diese Dokumentationen dienen einer besseren Orientierung und ermöglichen es dir, bei Fehlern auch ein Rollback durchzuführen.

In der DSGVO spielt die Dokumentation eine ganz neue, wesentliche Rolle für dich als Website-Betreiber: Erstmals musst du nachweisen können, dass die datenschutzrechtlichen Vorgaben eingehalten werden. Diesen Nachweis musst du jederzeit der zuständigen Datenschutzaufsichtsbehörde auf Anfrage vorlegen können, um deiner Rechenschaftspflicht nachzukommen.

Wichtig ist daher, dass du neben deinem allgemeinen Sicherheitskonzept für die Website das Verzeichnis deiner Verarbeitungstätigkeiten aktuell hältst, in dem die Verarbeitung durch die Website mitaufgenommen ist. Dadurch kann den Behörden ersichtlich werden, dass du einerseits strukturiert deine Datenverarbeitung auf der Website erfasst, gleichzeitig die Betroffenenrechte sicherstellst und auch die Handhabung von Datenschutzverletzungen berücksichtigst. Ein positiver Nebeneffekt des Dokumentationsaufwands ist für dich, dass du einige Inhalte für die Sensibilisierung und Schulung von Mitarbeitern verwenden kannst, die mit der Website im Alltag zu tun haben (z. B. Assistenz, Vertrieb, Online-Redakteure).

Kategorie: Recht
Fundort: Art. 5 Abs. 2 DSGVO

#Compliance

248. Reicht es denn aus, wenn meine Website datenschutzkonform ist oder muss ich darüber hinaus noch Weiteres beachten?

Gerade für ein Unternehmen reicht es nicht aus, nur die eigene Website datenschutzkonform zu gestalten. Websites sind mittlerweile nicht mehr nur einfache, isolierte Informationsseiten, sondern fester Bestandteil der digitalen Supply Chain einer Organisation, also der Wertschöpfungskette. Gerade wenn du einen Online-Shop betreibst, wirst du das bestätigen können. Somit müssen folgerichtig auch alle angrenzenden Bereiche und Unternehmensprozesse datenschutzkonform gestaltet werden.

Es empfiehlt sich, neben einer groben Datenschutzleitlinie ein konkretes Datenschutzkonzept – auch für die Website – zu verfassen. Für Mitarbeiter können Arbeitsanweisungen mit Checklisten oder einfache Handbücher erstellt werden.

Von Bedeutung wird es sein, dass du den Überblick behältst, welche Fremdleistungen eingebunden sind und ob sich dort Änderungen ergeben. Bei Drittinhalten auf der Website oder beim Hosting-Paket spielt das eine wesentliche Rolle: Im Sinne des Plan-Do-Check-Act-Zyklus (PDCA) behältst du die Kontrolle und kannst notfalls bedarfsgerecht reagieren, z. B. wenn ein Analytics-Dienst plötzlich nicht mehr datenschutzkonform eingesetzt werden kann und du dich nach einer Alternative umsehen musst.

Kategorie: Recht

#Datenschutz-Folgenabschätzung

249. Muss ich als Website-Betreiber eigentlich irgendwann ein Datenschutz-Folgenabschätzung (DSFA) durchführen?

Nein, im Normalfall nicht. Wir schätzen, dass weit über 95% der Website-Betreiber keine DSFA durchführen müssen. Leider bestehen sehr viele irritierende Veröffentlichungen dazu, so dass viele Menschen verunsichert sind. Es entstehen schnell Gerüchte, dass nahezu jeder eine DSFA durchzuführen hat – dies entspricht aber nicht der Wahrheit, da es klare Voraussetzungen dafür gibt: Grundsätzlich muss man eine DSFA nur bei Verarbeitungen mit hohem Risiko durchführen. Ein hohes Datenschutz-Risiko ist jedoch die absolute Ausnahme, da in der DSGVO dieses Risiko relativ klar beschrieben und nicht der Regelfall ist. Da du wohl auf deiner Website üblicherweise keine Daten verarbeitest, die den User in eine unmittelbare Gefährdungssituation bringen können (potentiell hoher Schaden und hohe Eintrittswahrscheinlichkeit dieses Schadens), brauchst du dir keine Sorgen machen. Eine DSFA ist also nur im Ausnahmefall durchzuführen. Anders wäre es beispielsweise wenn du ein Online-Portal zur Entschlüsselung der DNA von Personen anbieten würdest oder eine Website, bei der durch verbesserte künstliche Intelligenz Nutzer ihren digitalen Alltag in die Hände deiner Plattform legen würden. Du siehst, dass dies keine Standardfälle sind.

Dennoch empfehlen wir dir, die Veröffentlichungen der Aufsichtsbehörden zu verfolgen. Diese sind gesetzlich verpflichtet, Listen zu veröffentlichen, bei welchen Verarbeitungstätigkeiten eine DSFA notwendig ist. Sollte wider Erwarten eines Tages eine deiner Verarbeitungen darauf zu finden sein, kannst du gleich bei der zuständigen Behörde fragen, wie die DSFA durchzuführen ist bzw. was die Behörde von dir erwartet.

Kategorie: Recht
Fundort: Art. 35 DSGVO

#Informationsquellen

250. Wo erhalte ich wichtige Informationen zu aktuellen Entwicklungen rund um das Thema Datenschutz bei Websites?

Auf den offiziellen Websites der europäischen Datenschutzaufsichtsbehörden erhältst du entsprechende Informationen. Dort versucht man, möglichst zeitnah über aktuelle Geschehnisse zu informieren. Darüber hinaus kannst du auch auf dem Webaufritt der deutschen Datenschutzkonferenz, das Gremium des Bundes und der Länder, entsprechende Hinweise finden. Bei Zweifelsfragen empfiehlt es sich nach wie vor, an die eigene Aufsichtsbehörde heranzutreten.

Tipp! Spätestens mit der DSGVO ist Datenschutz nicht mehr nur eine rein nationale Angelegenheit. Folglich wird es regelmäßige Veröffentlichung auf EU-Ebene geben, z. B. vom Europäischen Datenschutzausschuss (EDSA). Der EDSA veröffentlicht verbindliche Leitfäden mit konkreten Beispielen aus der Praxis. Besonders wichtig für dich sind die Leitfäden zur Einwilligung und zur Auslegung des Art. 6 Abs. 1 lit. b) DSGVO bei Online-Services.

Kategorie: Recht

Mikes Story

Mike bedankt sich bei seinen Freunden. Er hat nun die wichtigsten Anforderungen der DSGVO verstanden und fühlt sich für die ePrivacy-VO gut gewappnet.

Mike hat gelernt, dass der Datenschutz dem Wandel der Zeit unterliegt und sich daher die gelernten Maßnahmen, Regelungen und Voraussetzungen zur Datenverarbeitung auf seiner Website ändern können. Er hat sich vorgenommen, selbst regelmäßig nach neuen Veröffentlichungen Ausschau zu halten.

Muster

Datenschutzerklärung

Name und Anschrift des Verantwortlichen

Wir, die **biosphere4yourLIFE GmbH**, sind als Verantwortlicher im Sinne der Datenschutz-Grundverordnung (DSGVO) und des Bundesdatenschutzgesetzes (BDSG) sowie sonstiger datenschutzrechtlicher Bestimmungen für unsere Website und die damit verbundene Datenverarbeitung zu bezeichnen. Umfassende Angaben zu unserem Unternehmen sind im Impressum zu finden.

biosphere4yourLIFE GmbH
Musterstraße 1a
9157225 Ansbach

E-Mail-Adresse: info@biosphere4yourlife.de

Datenschutzbeauftragter

Unser Datenschutzbeauftragter kann über folgende Kontaktdaten erreicht werden:

biosphere4yourLIFE GmbH
-Datenschutz-
Musterstraße 1a
9157225 Ansbach

E-Mail-Adresse: **datenschutz@biosphere4yourlife.de**

Bereitstellung der Website und Log-Files

1. **Beschreibung und Umfang der Datenverarbeitung**
   Bei jedem Aufruf unserer Website erfasst unser System, d. h. der Webserver, automatisiert Informationen vom System des aufrufenden Rechners bzw. Endgeräts des Nutzers.

   Folgende Daten werden hierbei von uns erhoben:

   - Informationen über den Browsertyp und die verwendete Version

- Das Betriebssystem des Endgeräts des Nutzers
- Den Internet-Service-Provider des Nutzers
- Die IP-Adresse des Nutzers
- Datum und Uhrzeit des Zugriffs
- Die vorherige Website, von denen der Nutzers auf unsere Website gelangt

2. **Rechtsgrundlage für die Datenverarbeitung**
   Rechtsgrundlage für die vorübergehende Speicherung dieser Daten und der Log-Files ist Art. 6 Abs. 1 lit. f) DSGVO (berechtigte Interessen von uns als verantwortlicher Website-Betreiber).

3. **Zweck der Datenverarbeitung**
   Die vorübergehende Speicherung der IP-Adresse des Nutzers durch unser System ist notwendig, um eine Auslieferung der Website an den Rechner des Nutzers zu ermöglichen. Hierfür muss die IP-Adresse des Nutzers zwangsläufig für die Dauer der Sitzung gespeichert bleiben.

   Die Speicherung der oben genannten Daten in den Log-Files erfolgt, um die Funktionsfähigkeit unserer Website sicherzustellen. Zudem dienen uns diese Daten zur Optimierung der Website und zur Gewährleistung der Sicherheit unserer informationstechnischen Systeme (z. B. zur Angriffserkennung). Eine Auswertung der Daten zu Marketingzwecken findet in diesem Zusammenhang nicht statt.

4. **Dauer der Speicherung**
   Die oben genannten Daten werden gelöscht, sobald sie für die Erreichung des Zweckes ihrer Erhebung nicht mehr erforderlich sind. Im Falle der Erfassung der Daten zur Bereitstellung der Website ist dies der Fall, wenn die jeweilige Sitzung beendet ist.

   Im Falle der Speicherung der Daten in Log-Files ist dies nach spätestens [xx] Tagen der Fall. Eine darüberhinausgehende Speicherung ist möglich. In diesem Fall wird die IP-Adresse des Nutzers von uns gelöscht oder verfremdet, sodass eine Zuordnung des aufrufenden Clients nicht mehr möglich ist und die enthaltenen Daten keinen Personenbezug mehr aufweisen.

E-Mail-Kontakt und Kontaktformular

1. **Beschreibung und Umfang der Datenverarbeitung**
   Über unser Kontaktformular und die bereitgestellte E-Mail-Adresse können wir kontaktiert werden. In diesem Fall werden die mit der Anfrage übermittelten personenbezogenen Daten des Absenders, also des Nutzers, gespeichert.

2. **Rechtsgrundlage für die Datenverarbeitung**
   Rechtsgrundlage für die Verarbeitung dieser Daten, die im Zuge einer Übersendung einer Anfrage übermittelt werden, ist Art. 6 Abs. 1 lit. f) DSGVO (berechtigte Interessen von uns als Verantwortliche).

   Zielt der Anfrage auf den Abschluss eines Vertrages ab, so ist zusätzliche Rechtsgrundlage für die Verarbeitung Art. 6 Abs. 1 lit. b) DSGVO (Erfüllung eines Vertrags).

3. **Zweck der Datenverarbeitung**
   Die Verarbeitung dieser personenbezogenen Daten dient uns allein zur Bearbeitung der Kontaktaufnahme.

4. **Dauer der Speicherung**
   Die oben genannten Daten werden gelöscht, sobald sie für die Erreichung des Zweckes ihrer Erhebung nicht mehr erforderlich sind. Für die personenbezogenen Daten, die per E-Mail oder das Kontaktformular übersandt wurden, ist dies dann der Fall, wenn die jeweilige Konversation mit dem Nutzer beendet ist. Beendet ist die Konversation dann, wenn sich aus den Umständen entnehmen lässt, dass der betroffene Sachverhalt abschließend geklärt ist.

5. **Widerspruchsmöglichkeit**
   Der Nutzer hat jederzeit die Möglichkeit, der Datenverarbeitung zu widersprechen. Der Widerspruch ist an folgende E-Mail-Adresse zu richten: **datenschutz@biosphere4yourlife.de**

   Alle personenbezogenen Daten, die im Zuge der Kontaktaufnahme gespeichert wurden, werden in diesem Fall gelöscht.

Registrierung und Login-Bereich

1. **Beschreibung und Umfang der Datenverarbeitung**
   Wir bieten wir dem Nutzer auf unserer Website die Möglichkeit, sich unter Angabe personenbezogener Daten zu registrieren. Die Daten werden dabei in eine Eingabemaske eingegeben und an uns übermittelt und gespeichert. Eine Weitergabe dieser Daten an Dritte findet nicht statt.

   Folgende Daten werden im Rahmen des Registrierungsprozesses erhoben:

   - Benutzername
   - Passwort
   - E-Mail-Adresse
   - Name
   - Anschrift

   Folgende Daten werden im Rahmen des Login-Prozesses erhoben:

   - Benutzername
   - Passwort

   Im Zeitpunkt des Logins werden zudem folgende Daten gespeichert:

   - Die IP-Adresse des Nutzers
   - Datum und Uhrzeit des Logins

2. **Rechtsgrundlage für die Datenverarbeitung**
   Rechtsgrundlage für die Verarbeitung der Daten ist Art. 6 Abs. 1 lit. b) DSGVO (Erfüllung eines Vertrags), da die Registrierung und der Login-Bereich zur Erfüllung des Vertrages bzw. zur Durchführung vorvertraglicher Maßnahmen erforderlich sind.

3. **Zweck der Datenverarbeitung**
   Die Registrierung und der Login dienen dem Zweck, eine Online-Shop-Funktion mit einem Bestellformular bereitzustellen.

4. **Dauer der Speicherung**
Die oben genannten Daten werden gelöscht, sobald sie für die Erreichung des Zweckes ihrer Erhebung nicht mehr erforderlich sind. Dies ist für die Daten während des Registrierungsvorgangs zur Erfüllung eines Vertrags oder zur Durchführung vorvertraglicher Maßnahmen dann der Fall, wenn die Daten für die Durchführung des Vertrages nicht mehr erforderlich sind. Auch nach Abschluss des Vertrags kann eine Erforderlichkeit, personenbezogene Daten des Vertragspartners zu speichern, bestehen, um vertraglichen oder gesetzlichen Verpflichtungen nachzukommen (z. B. steuerliche Aufbewahrungspflicht).

   Die Logfiles zum Login werden aus Sicherheitsgründen und für Supportanfragen für [xx] Tage gespeichert und danach gelöscht.

5. **Widerspruchmöglichkeit**
Ein registrierter Nutzer hat jederzeit die Möglichkeit, die Registrierung aufzulösen. Die dort über ihn gespeicherten Daten können vom Nutzer jederzeit abgeändert werden. Hierzu wenden Sie sich bitte mit Ihrem Anliegen an folgende Adresse:
datenschutz@biosphere4yourlife.de

Bestellformular

1. **Beschreibung und Umfang der Datenverarbeitung**
Wir bieten dem Nutzer auf unserer Website nach erfolgreicher Registrierung an, in unserem zugangsgeschützten Online-Shop über ein Bestellformular unsere Produkte anzufragen und zu kaufen.

2. **Rechtsgrundlage für die Datenverarbeitung**
Rechtsgrundlage hierfür ist Art. 6 Abs. 1 lit. b) DSGVO (Erfüllung eines Vertrags), d. h. der Nutzer stellt uns die Daten auf Grundlage des jeweiligen Vertragsverhältnisses (z. B. Führung des Kundenkontos, Abwicklung eines Vertrages) zur Verfügung.

3. **Zweck der Datenverarbeitung**
Das Bestellformular dient dem Zweck, einen Vertrag mit uns abzuschließen bzw. eine Fertigungsanfrage abzusenden. Die Datenverarbeitung im Bestellformular dient somit für den Abschluss, die

Durchführung oder die Beendigung des Vertrages dem Nutzer.

4. **Dauer der Speicherung**
Wir speichern die für die Vertragsabwicklung erhobenen Daten für die Dauer des Vertrages sowie bis zum Ablauf der gesetzlichen bzw. möglicher vertraglicher Gewährleistungs- und Garantierechte. Nach Ablauf dieser Frist bewahren wir die nach Handels- und Steuerrecht erforderlichen Informationen des Vertragsverhältnisses für die gesetzlich bestimmten Zeiträume auf. Für diesen Zeitraum werden die Daten allein für den Fall einer Überprüfung durch die Finanzverwaltung erneut verarbeitet.

Tracking durch Google Analytics

1. **Beschreibung und Umfang der Datenverarbeitung**
Wir setzen auf unserer Website das Tracking-Werkzeug Google Analytics ein. In Google Analytics werden Interaktionen des Nutzers unserer Website in erster Linie mithilfe von Cookies erfasst und systematisch ausgewertet. Werden Einzelseiten unserer Website aufgerufen, so werden folgende Daten gespeichert:

    - Drei Bytes der IP-Adresse des aufrufenden Systems des Nutzers (anonymisierte IP-Adresse)
    - Die aufgerufene Webseite
    - Die Website, von der der Nutzer auf die aufgerufene Seite unser Webseite gelangt ist (Referrer)
    - Die Unterseiten, die von der aufgerufenen Seite aus aufgerufen werden
    - Die Verweildauer auf der Webseite
    - Die Häufigkeit des Aufrufs der Webseite

    Die Software ist so eingestellt, dass die IP-Adressen nicht vollständig gespeichert werden, sondern das letzte Oktett der IP-Adresse maskiert wird (Bsp.: 192.168.79.***). Auf diese Weise ist eine Zuordnung der gekürzten IP-Adresse zum aufrufenden Rechner bzw. Endgeräts des Nutzers nicht mehr möglich.

2. **Rechtsgrundlage für die Datenverarbeitung**
   Rechtsgrundlage für die Verarbeitung der personenbezogenen Daten der Nutzer ist Art. 6 Abs. 1 lit. a) DSGVO (Einwilligung).

3. **Zweck der Datenverarbeitung**
   Die Verarbeitung der personenbezogenen Daten des Nutzers mit Hilfe von Google Analytics ermöglicht uns eine Analyse des Surfverhaltens unserer Nutzer. Wir sind durch die Auswertung der gewonnen Daten in der Lage, Informationen über die Nutzung der einzelnen Komponenten unserer Website zusammenzustellen. Dies hilft uns, die eigene Website und deren Nutzerfreundlichkeit stetig zu verbessern.

4. **Dauer der Speicherung**
   Die durch das Tracking gespeicherten Daten werden gelöscht, sobald sie für unsere Aufzeichnungszwecke nicht mehr benötigt werden. In unserem Fall ist dies nach zwölf Monaten der Fall.

5. **Widerspruchsmöglichkeit**
   Mithilfe eines Browser-Add-ons zur Deaktivierung von Google Analytics-JavaScripts (ga.js, analytics.js, dc.js) kann der Nutzer verhindern, dass Google Analytics dessen Daten auf unserer Website verwendet.

   Wenn der Nutzer Google Analytics deaktivieren möchte, kann er das Add-on für den eigenen Webbrowser herunterladen und installieren. Das Add-on zur Deaktivierung von Google Analytics ist mit den gängigen Versionen von Chrome, Internet Explorer, Safari, Firefox und Opera kompatibel. Damit das Add-on funktioniert, muss es im Browser korrekt geladen und ausgeführt werden. Für Internet Explorer müssen zusätzlich Drittanbieter-Cookies aktiviert werden.

   Nähere Informationen finden interessierte Nutzer unter folgendem Link: **https://tools.google.com/dlpage/gaoptout?hl=de**

Einbindung von Google Maps und Google Fonts

1. **Beschreibung und Umfang der Datenverarbeitung**
   Wir binden die Landkarten des Dienstes „Google Maps" des Anbieters Google LLC, 1600 Amphitheatre Parkway, Mountain View, CA 94043, USA, ein. Um das Kartenmaterial zur Verfügung zu stellen, werden technisch notwendige Daten von Google zu diesem Zweck verarbeitet.

   Darüber hinaus nutzen wir auch Google Fonts zur einheitlichen Darstellung von Schriftarten. Beim Aufruf einer Seite lädt der Browser des Nutzers die benötigten Webfonts in den eigenen Browsercache, um Texte und Schriftarten korrekt anzuzeigen. Zu diesem Zweck muss der Browser des Nutzers Verbindung zu den Servern von Google aufnehmen. Hierdurch erlangt Google Kenntnis darüber, dass von der IP-Adresse des Nutzers unsere Website aufgerufen wurde.

2. **Rechtsgrundlage für die Datenverarbeitung**
   Die Einbindung der Dienste Google Maps und Google Fonts ist zur bedarfsgerechten Gestaltung unserer Website erforderlich. Hierin liegt auch unser Interesse an der Datenverarbeitung gem. Art. 6 Abs. 1 lit. f) DSGVO (berechtigte Interessen von uns als Verantwortliche).

3. **Weitere Informationen zur Datenverarbeitung**
   Für die weitere Datenverarbeitung ist Google LLC verantwortlich. Weitere Informationen zum Umgang mit Ihren Daten durch Google erhalten Sie unter: **www.policies.google.com/privacy** und unter **developers.google.com/fonts/faq**.

Rechte des Betroffenen

Werden personenbezogene Daten eines Nutzers verarbeitet, ist dieser ein „Betroffener" im Sinne der DSGVO. Ihm stehen folgende Rechte gegenüber uns als Verantwortlichen zu:

- Recht auf Auskunft
- Recht auf Berichtigung
- Recht auf Einschränkung der Verarbeitung
- Recht auf Löschung
- Recht auf Unterrichtung
- Recht auf Datenübertragbarkeit
- Widerspruchsrecht
- Recht auf Widerruf der datenschutzrechtlichen Einwilligungserklärung
- Recht auf Beschwerde bei einer Datenschutzaufsichtsbehörde

Hinweis zum Widerruf einer Einwilligung:
Ein Betroffener hat zwar das Recht, seine datenschutzrechtliche Einwilligungserklärung jederzeit bei uns zu widerrufen. Allerdings wird dadurch die Rechtmäßigkeit der aufgrund der Einwilligung bis zum Widerruf erfolgten Verarbeitung nicht berührt.

Hinweis zur Beschwerde bei einer Aufsichtsbehörde:
Unbeschadet eines anderweitigen verwaltungsrechtlichen oder gerichtlichen Rechtsbehelfs steht einem Betroffenen das Recht auf Beschwerde bei einer Aufsichtsbehörde – insbesondere in dem Mitgliedstaat des Aufenthaltsorts des Nutzers, des Arbeitsplatzes des Nutzers oder des Orts des mutmaßlichen Verstoßes – zu, wenn der Nutzer der Ansicht ist, dass die Verarbeitung seiner personenbezogenen Daten durch uns gegen die DSGVO verstößt.

Consent-Banner

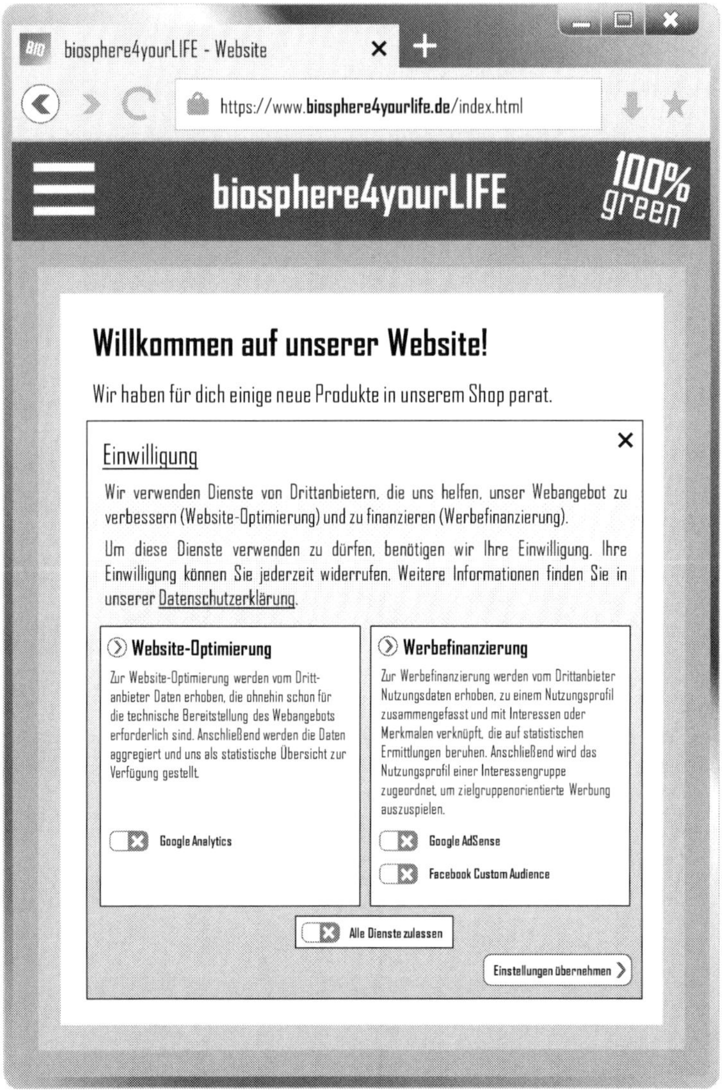

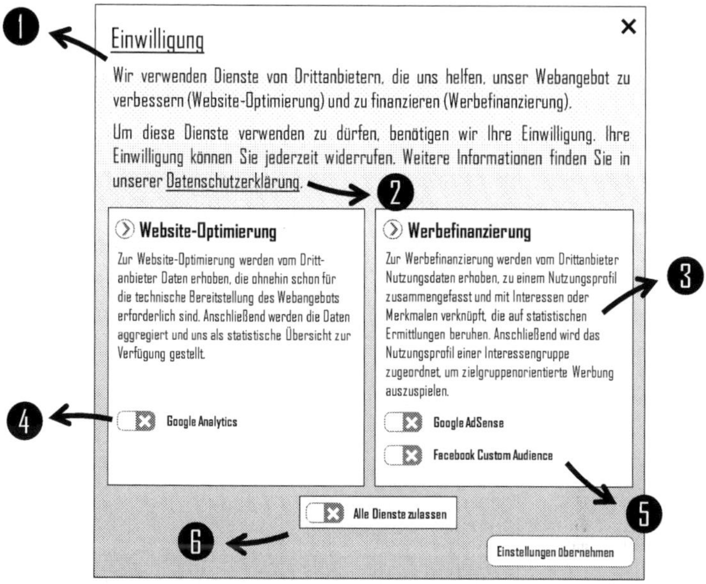

❶ Information

Hier erhält der Nutzer die grundlegenden Informationen für die Einwilligung. Du musst keinesfalls die vollständige Datenschutzerklärung wiederholen. Es reicht aus, wenn du auf der 1. Ebene folgende Mindestinformationen gibst: 1. Verantwortlicher: "Wir"; 2. Zweck: "Website-Optimierung und Werbefinanzierung"; 3. Widerrufsrecht.

❷ Link zur Datenschutzerklärung

Da du in der ersten Ebene nur die Basisinformationen nennst, musst du auf deine vollständige Datenschutzerklärung verlinken, damit der Nutzer bei Bedarf mehr Informationen bekommen kann. Achte unbedingt darauf, dass auf der Seite zur Datenschutzerklärung keine Tracking-Dienste aktiv sind, bevor die Einwilligung erteilt wurde.

❸ Zweck

Beschreibe jeden Zweck kurz und prägnant, damit der Nutzer eine Vorstellung vom Umfang der Datenverarbeitung hat. Eine Einwilligung ist nur wirksam, wenn der Nutzer auch weiß, worin er überhaupt einwilligt.

❹ Tracking

Normalerweise benötigst du bei Analytics-Tools oder sonstigen Diensten, um dein Webangebot zu optimieren, keine Einwilligung. Die Datenverarbeitung kannst du, wie vorher gelernt, auf die Interessenabwägung gem. Art. 6 Abs. 1 lit. f) DSGVO stützen. Eine Ausnahme hiervon ist allerdings Google Analytics. Für diesen Dienst brauchst du immer eine Einwilligung, da es sich um ein Tracking-Tool handelt.

❺ Auflistung der Dienste

Damit der Nutzer möglichst viel Wahlfreiheit hat, musst du jeden Dienst einzeln angeben. Nicht erforderlich ist eine Liste aller gesetzten Cookies.

❻ Alle Dienste zulassen

Die Einwilligung ist nur wirksam, wenn der Nutzer durch eine aktive Handlung den Einwilligungstext annimmt. Aus diesem Grund müssen zunächst die Dienste "off" sein. Um die Benutzerfreundlichkeit zu erhöhen, kannst du natürlich einen "Schalter" für die Aktivierung aller Dienste einbinden.

Stichwörter

A

Abmahnung 173
Analytics 99
Angreifer 145
Anonymisierung von IP-Adressen 113
App 262
Auftragsverarbeiter 28
Auftragsverarbeitung 92, 105, 178, 246
Auskunft 46, 50
Authentifizierung 218, 242

B

Backup 138, 243
Baukastensysteme 222
Berechtigtes Interesse 32
Berechtigungen 162, 253
Berichtigung 46
Betroffenenrechte 45, 63, 93, 109, 253
Betroffener 27
Bewerbungsformular 91
Blacklist 184
Bonitätsprüfung 223
Browser Fingerprinting 120
Bundesdatenschutzgesetz 23
Bußgeld 35

C

Chat 226
Clean Code 135
CleverReach 180
CMS 234
Compliance 274
Consent-Banner 68, 69, 290
Content 37
Cookie-Banner 68, 69
Cookies 55, 67, 219
Cross-Device-Tracking 115
Customer Journey Tracking 183
Cyberkriminelle 145
Cybersicherheit 144

D

Datenbankserver 159
Datenflussanalyse 71
Datenportabilität 46, 226
Datenschutzaufsichtsbehörden 35, 48, 99, 119, 273, 277
Datenschutzbeauftragter 65
Datenschutzerklärung 44, 60, 67, 88, 107, 193, 264, 280
Datenschutz-Folgenabschätzung 275
Datenschutz-Risiko 151, 165, 276
Datenschutzverletzungen 151, 153
Datensicherung 138
Dienstleister 91
Dokumentationspflichten 273
Domain 131
Double-Opt-In 175, 176, 177
Dritter 29
Drittinhalte 204

E

Einschränkung der Verarbeitung 46
Einwilligung 31, 83, 100, 102
Empfänger 28
Ende-zu-Ende-Verschlüsselung 82
ePrivacy-Richtlinie 17

ePrivacy-VO 18, 71, 94, 100, 121, 168, 178, 185, 200, 209, 229, 254, 270
EuGH 116, 194

F

Facebook 191
Facebook Connect 195
Facebook Custom Audience 196
Fotos 39
Funktionsweise von Websites 51

G

Gast-Login 212
Gemeinsam Verantwortliche 116, 194
Geodaten 263
Gesetz gegen den unlauteren Wettbewerb 173
Google 191
Google AdSense 207
Google Analytics 103
Google Maps 205
Google reCAPTCHA 204

H

Hacking 147
Haftung 36
Hosting 246
http-GET 136
HTTPS 77
HTTPS-Checkliste 78

I

Impressum 64
Incident Response 149
Informationen auf Endeinrichtungen 29, 34
Instagram 191
IP-Adresse 43, 54, 70, 112, 163

J

JavaScript 206
Jimdo 223
Joomla 235

K

Kinder 40
Kommentare 220
Kommunikation mit Nutzer 49
Kontaktformular 77
Kosten für die Auskunft 50
Kundenbewertungen 221

L

Login 212
Löschen 46, 142, 227

M

Magento 235
MailChimp 180
Mailserver 158
Man-in-the-Middle 268
Matomo 103
Meldefrist 154
Meldepflicht 151
Minderjährige 40
Mobile Geräte 261

N

Negativauskunft 51
Netzwerkanalyse 71
Netzwerkdurchsetzungsgesetz 24
Newsletter 173
Newsletter-Tracking 182
Notfallplan 156

O

Online-Shop 212
Opt-Out 110, 119

P

Passwortverfahren 214, 242
Passwort-Vergessen-Verfahren 218
Patch-Management 164
Personenbezogene Daten 26, 42
Pflichtangaben im Kontaktformular 86
Plugins 251
Private Website 37
Protokollierung 162, 241

R

Rechtsgrundlagen 30, 33
Registrierung 212
Reichweitenmessung 99
Risiko 275
Rollen- und Rechtekonzept 253

S

Selbstsigniertes SSL-Zertifikat 80
Sensible Daten 42
Shopify 223, 235
Sicherheit 126
SlideShare 208
Social Plugins 191
SoundCloud 208
Spamschutz 252
Speicherdauer 88, 90, 105, 225
Speicherort 266
SSL-Zertifikat 78
Standortdaten 263
Startseite 66
Strafen 35
Subdomain 131

T

Telekommunikationsgesetz 17
Telemediengesetz 22
Testumgebung 135
Tracking 99
Twitter 191
Typo3 235

U

Updates 244
US-Dienstleister 106

V

Validierung 82
Verantwortlicher 27
Verschlüsselung 134, 219
Vertrag 31
Verzeichnis von Verarbeitungstätigkeiten 272
Vimeo 198

W

Web-App 262
Webfonts 205
Webserver 128, 250
Webtrekk 104
Werbung 185, 208
Widerruf bei Newsletter 182
Widerruf der Einwilligung 46
Widerspruch 46
WordPress 235

Y

YouTube 198

Z

Zahlungsabwicklung 224
Zertifikat 228
Zugangsdaten 267
Zweck der Datenverarbeitung 89
Zweckänderung 89
Zwei-Faktor-Authentifizierung 243
Zwei-Klick-Lösung 192

12114885R00170

Printed in Germany
by Amazon Distribution
GmbH, Leipzig